CAFEMANCIA

A LEITURA DA BORRA DE CAFÉ

JAVERT DE MENEZES

CAFEOMANCIA

A LEITURA DA BORRA DE CAFÉ

ALFABETO

© Publicado em 2024 pela Editora Alfabeto

Supervisão geral: Edmilson Duran
Produção editorial: Lindsay Viola
Preparação de textos: Luciana Papale
Revisão: Luciana Papale e Lindsay Viola
Diagramação e capa: Décio Lopes

DADOS INTERNACIONAIS DE CATALOGAÇÃO NA PUBLICAÇÃO (CIP)
Angélica Ilacqua CRB-8/7057

Menezes, Javert de

Cafeomancia: a leitura da borra de café / Javert de Menezes. 2ª edição.
São Paulo: Alfabeto, 2024.
    160 p. ; il.

ISBN: 978-85-98307-77-0

1. Adivinhação 2. Borra de café - Adivinhação 3. Esoterismo I. Título

19-2118   CDD 133.3

Índices para catálogo sistemático:

1. Adivinhação 133.3

EDITORA ALFABETO
Rua Ângela Tomé, 109 | Rudge Ramos
CEP: 09624-070 | São Bernardo do Campo/SP | Tel: (11)2351.4168
editorial@editoraalfabeto.com.br | www.editoraalfabeto.com.br

DEDICATÓRIA

Dedico as informações contidas nestas páginas àqueles que tenham interesse em adquirir conhecimentos sobre como desenvolver, aprimorar e evoluir técnicas conscientes, com o intuito de atender a todos que pedem ajuda para solucionar suas dúvidas e seus problemas.

E aos que buscam a evolução com ciência e consciência, que nunca se permitam serem enganados por ninguém.

Que Deus esteja sempre ao lado de todos.

Deus concedeu ao homem
uma boca e dois ouvidos,
para que ouça o dobro do que fala;
e dois olhos para que observe sempre,
antes de retrucar com suas palavras ao seu próximo.

AGRADECIMENTOS

Agradeço a Deus por todas as oportunidades que estou tendo de evoluir, e por poder deixar para a minha linda neta, Marina, e para as minhas filhas queridas, Ananda e Hannah, mais este legado de conhecimentos e informações.

O Planeta Terra não é uma colônia de férias,
mas, sim, uma colônia de trabalho e de evolução;
poucos têm percepção dessa verdade.

SUMÁRIO

PREFÁCIO

É gratificante ser convidada pelo pesquisador, estudioso e curioso Javert, para fazer parte deste trabalho, levando em conta minhas singelas considerações.

A curiosidade em saber sempre mais é o que nos move a desvendar os mistérios da vida. Buscamos conselhos, orientações e respostas para nossos questionamentos, mas não é o suficiente. Nosso desejo é sempre ir além.

Mas qual seria o valor e o sentido da nossa existência?

Não nascemos com um mapa ou um caminho traçado de vida! Sabemos que vivemos para sermos felizes e conquistarmos nossos sonhos, mas onde buscar tudo isso?

A incerteza e o medo chegam a paralisar o ser humano que, às vezes, acredita que o destino é certo.

Investigando respostas às nossas dúvidas, contamos com várias técnicas de pesquisa, e uma delas é pelo estudo da borra do café. Sua origem não é muito certa, sabe-se que teve início no Oriente Médio e foi se expandindo pelas civilizações até o continente europeu. Há também a tasseografia, técnica de leitura do chá pelos chineses e pelos japoneses.

Interessante é pensar na essência de tudo, nos elementais e nas energias empregadas nessa técnica, envolvendo o consulente, a pessoa que está atendendo e o ambiente.

Tudo está envolto no seu âmago e em você descobrir o que guarda dentro do relicário do seu coração, entrando, com essa técnica mágica e linda, pelos portais do seu "ser" e obtendo informações que vão ajudar a repensar seu presente e seu futuro.

Que busquemos juntos uma orientação com essa energia poderosa para o nosso mapa da vida, abrindo novos caminhos na teia da nossa alma.

E que possamos expandir a mente e melhorar cada molécula do nosso "ser", caro leitor, na essência do café e com muita luz...

Seja LUZ!
Paz e bem!

Namastê!

Dra. Cristina Cazumi Arakaki.
Médica Veterinária, Homeopata e Reiki Master.

Busque agir para o bem, enquanto você dispõe de tempo.
É perigoso guardar uma cabeça cheia de sonhos,
com as mãos desocupadas.

André Luiz

APRESENTAÇÃO

Por mais de 20 anos tenho acompanhado o meu amigo Dino (Pedro Vicente Genga) em sua jornada, e agora, com sua permissão, venho relatar seu trabalho na Leitura da Borra de Café.

Resolvi me aprofundar mais nessa técnica projetiva da borra de café, que revela magníficas figuras, e que, sendo interpretadas por Dino, ganham lindas histórias.

Sob o inconsciente de quem se apresenta para obter a leitura, após ter realizado os procedimentos e oferecido à pessoa que está à sua frente alguns goles da bebida, Dino pede que a xícara lhe seja entregue ainda contendo um resquício de café e a borra.

Em seguida, ele faz a inversão sobre o pires por alguns instantes, aguarda cerca de cinco minutos e desvira a xícara com a borra que escorreu, mostrando figuras que serão identificadas e interpretadas.

É pedido, então, que a pessoa anote em uma folha de papel as figuras que ele vai identificando, para depois montar a história a ser relatada no intuito de confortar a quem está buscando a sua orientação por meio das imagens contidas na borra do café.

Com esse trabalho realizado pelo Dino, tive a curiosidade de pesquisar mais sobre esse fascinante tema que é a Leitura da Borra da Café e, para minha surpresa, vi que civilizações antigas realizavam a leitura como tradição, mas com a infusão de folhas de chá trituradas. Posteriormente, quando foi descoberto o café, a prática passou a ser usada também com ele, sendo, no entanto, muito mais divulgada do que o uso que faziam com o chá. Hoje, as pessoas conhecem mais a utilização da Leitura da Borra de Café, deixando de lado a tradição da Leitura da Borra de Chá.

Temos o desejo e a curiosidade em prever o futuro; isso se deve, talvez, à nossa natureza, ao nosso anseio em querer nos adiantar aos fatos. Tarôs, leitura das mãos, quirologia, astrologia, búzios e runas são algumas das mais conhecidas práticas divinatórias que nos leva ao desconhecido, levando-nos a falar sobre aquilo que ainda não aconteceu.

Devido a essa necessidade, a cafeomancia foi desenvolvida pelas civilizações árabes: sultões consultavam a borra de café com intuito de tomarem decisões mais assertivas, e as odaliscas costumavam consultar esse oráculo para descobrirem qual delas seria a escolhida para desfrutar uma noite de paixão com o sultão.

Considerada uma forma simples de adivinhação, a cafeomancia exige tão somente concentração, intuição e sensibilidade para interpretar as figuras que surgem. É uma técnica usada para descobrir o futuro por meio das imagens formadas pela borra do café restante no fundo da xícara na ocasião de uma consulta. É um oráculo, uma forma de "mancia", que tem como base a intuição e a percepção da pessoa que lê, beneficiando e confortando as pessoas que procuram respostas; é uma arte divinatória. Mas o que é "mancia"?

Desmistificando a palavra "mancia"

Originado do português, o sufixo -*mancia* é um elemento na formação de palavras com a ideia de adivinhação.

Essa especificação não condiz totalmente com a verdade quando a palavra é usada para a arte e a técnica de leituras, pois, por não saberem corretamente seus fundamentos quando usamos suas tabelas e regras, não se pode falar em "mancia".

Métodos, técnicas e práticas usadas por civilizações por muitos anos – ou até por milhões de anos –, tinham os objetos como meio de acessar o inconsciente ou até os arquétipos, e interpretavam figuras e imagens que formavam desenhos para revelar aos homens respostas as suas perguntas e trazer-lhes soluções.

O caráter divinatório da borra consiste, sem dúvida, em seu aspecto mais conhecido e mais vulgarizado. Nada mais compreensível, visto que, desde tempos imemoráveis, os seres humanos procuram descortinar seu futuro e palpar o desconhecido.

Tanto assim, que as mais diversas formas de oráculos desfilaram pela história em diversas culturas.

Hoje, a borra de café constitui um dos mais populares e divulgados meios de consultas oraculares que se conhece, isso se não for mesmo o mais popular no Oriente Médio.

Mas a borra não é apenas um "jogo de adivinhação" – isso o estudioso seriamente interessado não tardará a perceber.

Um verdadeiro mergulho nos padrões cósmicos que regem a existência espera por aqueles que se propuserem a, antes de desvendar o amanhã, lançar um olhar "para dentro de si mesmo". Só assim a natureza das coisas encontra seu devido lugar. Práticas divinatórias funcionam como um complemento daquilo que você já sabe, são fluxos de energias.

Diferentemente de outras técnicas, porém, a cafeomancia dialoga com a parte sensorial, o paladar, o cheiro. Envolve sentimentos, e são eles que determinam as respostas, não o intelecto. Em uma primeira abordagem, a leitura das borras nos remete a três níveis distintos aplicados à interpretação.

Chamaremos esses níveis de FÍSICO, MENTAL e ESPIRITUAL (ou CONSCIENTE, SUBCONSCIENTE e INCONSCIENTE, aos que assim preferem).

- NÍVEL FÍSICO (CONSCIENTE). Corresponde a uma interpretação literal dos desenhos, ou seja, pelo seu conteúdo gráfico, sem grandes preocupações intuitivas, pouco dependendo do grau de conhecimento ou de sensibilidade do interprete. Trata-se da forma de leitura mais superficial, mais epidérmica mais direcionada aos problemas do nosso dia a dia (emprego, amores, dinheiro, casamento, filhos, ciúme, etc.). Enfim, está em relação direta com nosso lado material, biológico e racional. Constitui a forma de leitura mais corriqueira, aquela comumente empregada pelos adivinhos e curiosos em geral.

- NÍVEL MENTAL (SUBCONSCIENTE). Neste nível começamos a nos aprofundar em nossas fronteiras abstratas, a interpretação se faz já vislumbrando a ação das forças e as leis que regem a natureza e o cosmo. Nesse estágio, a intuição começa a se mostrar e o consulente começa a perceber suas relações com o mundo ao seu redor (e não mais apenas somente como interprete), e começa a perceber as grandes tendências de seu futuro, porém já como uma autoavaliação. As experiências estético-sensoriais vão ocupando os espaços antes preenchidos por sensações unicamente orgânicas. Em suma, esse nível é o elo entre os dois extremos, o material e o espiritual.

- NÍVEL ESPIRITUAL (INCONSCIENTE). O terceiro e mais profundo nível, o espiritual, só faz sentido para aqueles que já se voltaram para o caráter eterno do ser, aqueles para quem o mundo material, com todas as suas atrações, já não exerce influência, ou, pelo menos, não mais ocupa lugar de destaque na escala de valores. Essas pessoas, tendo já transcendido suas limitações materiais, preocupam-se com sua parte imortal, passando a ter (e ser) um canal aberto aos planos superiores. Em tal situação, o estudioso de borra de café ou de chá tem sua intuição extremamente aguçada, estando em condições de estabelecer suas próprias normas de conduta e de decidir sobre quais aspectos de sua vida deve interferir para obter maior crescimento espiritual e energético.

Observem como eram usadas as técnicas de interpretações desses três níveis:

- Costuma-se atribuir um determinado significado para cada desenho que se observava na leitura da borra do chá ou do café. Dessa forma, os adivinhos e os estudiosos chegavam mais comumente ao público.

- Aos desenhos, que formavam símbolos com imagens, atribuíam-se significados mais ou menos flexíveis, que poderiam ser abrangentes ou genéricos, mantendo-se restritos e particularizados os significados dos desenhos. Assim, constituía-se a forma mais usual de interpretação por estudantes sérios, quando não há necessidade de leituras mais elaboradas ou quando não há preocupação maior com a clareza.

- Outro tipo de análise das imagens, principalmente na dos desenhos, é aquele em que se procura apreender o seu significado analisando o simbolismo e as reações intuitivas que ela desperta, bem como de seu posicionamento em relação às figuras vizinhas. Esse tipo de interpretação confere à Leitura da Borra de Café ou de Chá as dimensões e as profundidades infinitas, fazendo lançamento de suas viradas de xícaras sobre o pires, um verdadeiro canal de captação do todo.

Em suma, rompeu-se o ego e libertou-se o Eu... Em cada um desses três níveis, deve-se efetuar um estudo pormenorizado das figuras, o que pode ser feito de duas maneiras: pela análise de cada desenho ou pela análise de todo o conjunto.

Com todas essas informações utilizadas para se fazer uma leitura, podemos, ainda, verbalizar que isso é pura "mancia".

A PRÁTICA COMEÇOU COM O CHÁ

Não podemos falar da Leitura da Borra de Café sem antes dar os créditos a como tudo começou. A *tasseomancia*, *tasseografia* ou *tassologia*, como é chamada, é a prática de adivinhação que interpreta, na tradição ocidental, padrões em folhas de chá. É a arte de adivinhar o futuro observando a disposição das folhas de chá em uma xícara. O termo deriva da palavra francesa *tasse* (copo), que por sua vez deriva do árabe *tassa* (copo). Não se trata de uma aplicação de magia, mas, sim, de uma ferramenta de reconhecimento de padrões e simbolismo.

A China é tida como o país da origem do chá. Conta a lenda que o imperador chinês Shen Nung, em 2737 a.C., fervia água para beber quando algumas folhas de uma árvore próxima caíram na panela, dando origem, assim, ao primeiro chá de que temos conhecimento.

Hoje, porém, outros países se destacam como produtores de chá de qualidade. Cada um possui uma característica específica. Os melhores chás-pretos do mundo são os indianos. Os produzidos na região de Assam, Darjeeling e Nilgiri merecem destaque. Já o Sri Lanka é conhecido por chás mais leves.

A China, por sua vez, é um dos principais países produtores dos *blends*, ou seja, das misturas de chás.

Na Inglaterra, entretanto, o chá é servido com leite; uma prática quase obrigatória entre os ingleses, e muito pouco difundida em nosso país. Mariane Fontoura explica que, "ao adicionar o leite, os taninos do chá ligam-se imediatamente com as proteínas do leite, tornando a bebida menos adstringente". Mas fiquem atentos, o leite não é recomendado para os chás-verdes.

O chá e seus benefícios

A *Camellia sinensis,* que é o chá-preto da Inglaterra; o chá-verde do Japão; o chá *wūlóng* da China, e várias outras bebidas, entram na categoria de fermentados, não fermentados e meio-fermentados.

Esses chás são vendidos normalmente a granel, e não nos famosos saquinhos que se tornaram sinônimo de chá pelo mundo.

Os verdadeiros chás são vendidos em lojas especializadas, muitas delas se instalaram no Brasil nos últimos anos. O saquinho foi uma invenção do início do século, feita por Thomas Sullivan, um comerciante de Nova Iorque. Esse era o jeito encontrado para o transporte de folhas de chá. Inicialmente eles eram feitos com seda, hoje, são feitos de papel-filtro, inodoros e sem sabor.

Metade dos chás vendidos nos Estados Unidos, por exemplo, vem em saquinhos. Além de ser um hábito social, o chá traz inúmeros benefícios. Segundo Mariane, "o chá-verde, por exemplo, reduz o risco de câncer de estômago, enquanto os chás-pretos reduzem o risco de problemas cardíacos e de gastrite".

Os chás também ajudam a combater o envelhecimento das células e a controlar a pressão arterial. Mas é preciso tomar cuidado, alertam os especialistas, se a bebida for consumida próxima a refeições, a absorção de ferro do organismo pode diminuir. Chás também contêm cafeínas, portanto, podem provocar insônia, e a maioria dos chás também possui efeito diurético.

As grandes novidades do momento são as misturas e os chás exóticos.

O chinês *gunpowder*, por exemplo, é vendido em forma de bolinhas que explodem durante a infusão.

Dentre os mais caros está o indiano *Darjeeling*, cultivado em altitudes superiores a 700 metros (vale o mesmo que os grandes vinhos franceses).

Os drinks, por sua vez, são mais desconhecidos, mas não deixam a desejar. Um uísque puro malte, por exemplo, combina com o *O´Connors Cream*, um chá-preto com cacau. Outro drink interessante é o chá com champanhe.

Tem também o *Waikiki Beach*, um chá de frutas, que é o mais recomendado. Após a infusão, entretanto, nesse caso, o chá deve ser resfriado.

Jasmim é o nome comum pelo qual são conhecidas as espécies do gênero *Jasminum L.*, da família oleácea, nativas do Velho Mundo.

Seu nome vem do árabe *Yasamin*, que por sua vez foi emprestado do persa. São, em sua maior parte, arbustos ou lianas, de folhas simples ou compostas. As flores são tubulares, com pétalas patentes, raramente maiores do que dois centímetros de diâmetro, quase sempre muito perfumadas.

Quase todas as espécies possuem flores brancas, mas há algumas de flores amarelas ou rosadas. A maior produtora de jasmins do mundo é a Índia, seguida pela China, que sempre foi uma grande produtora dessa planta. Seu aroma é adocicado, e é, assim como a rosa, um dos aromas pilares da perfumaria.

Na China, misturam-se flores de jasmim a folhas de chá, essa combinação de sabores e de aromas é muito apreciado.

Há séculos o jasmim no Oriente é considerado como o símbolo da beleza e da tentação das mulheres.

Na Índia, Kama, o deus do amor, chegava a suas vítimas por setas acompanhadas de flores de jasmim. Cleópatra teria ido ao encontro com Marco Antônio em um barco, cujas velas foram revestidas com essência de jasmim.

Bodas de jasmim são o símbolo dos 66 anos de casamento no folclore francês.

O famoso chá preparado com as flores dessa planta é muito consumido no Extremo Oriente. Na época da China Imperial, era bebida exclusiva dos nobres da corte. Suas propriedades medicinais são muito conhecidas por aliviar o estresse; diminuir a ansiedade, a tensão e a exaustão nervosa. Ajuda a combater os sintomas da depressão, é excelente calmante e favorece um sono tranquilo.

Em compressas, auxilia no tratamento da conjuntivite e em problemas da pele. Na medicina popular é usado para aliviar dores de cabeça e enxaqueca. Na Medicina Tradicional Chinesa, o chá de jasmim tem uma influência reguladora de Yin e Yang, respondendo positivamente às exigências da circulação do Qi (energia vital). Melhora a concentração, estimula a capacidade intelectual e combate o cansaço (se bebido à tarde), e é também considerado afrodisíaco.

O chá de jasmim era oferecido às visitas do imperador chinês que, quando terminava de saborear a bebida, o leitor de borra era chamado para falar sobre o visitante do dia.

A origem da Leitura da Borra de Chá

Desde tempos imemoriais, as folhas de chá têm sido usadas para interpretar o futuro.

Na antiga China era um dos métodos e técnicas oraculares preferidos pelos imperadores, que costumavam ter seus leitores de folhas de chá particulares.

Durante anos, esses adivinhos se especializaram na leitura, estudando as diversas formas que as minúsculas partículas das folhas desenhavam no fundo dos recipientes usados para beber a infusão.

Palácio, árvore, animais, armas, flores e muitos outros objetos podiam tomar forma e "comunicar" ao intérprete as mensagens das folhas de chá.

Com o passar do tempo, a técnica e o método espalharam--se por todo o Oriente e acabaram se tornando conhecido nas cortes da Rússia e da Turquia, passando, posteriormente, para a Europa, onde se transformou num dos passatempos prediletos da aristocracia, a única classe que podia consumir esse caro e exótico produto oriental.

Conhecendo a leitura na prática

Em um restaurante chinês da liberdade conheci Xiaoli, de 48 anos, nascida no Brasil, e que ajuda sua avó que ainda trabalha na cozinha do Restaurante da Família. Dona Meiying chegou ao bairro da liberdade em 1927, aos quatro anos de idade, e até hoje só fala chinês e mandarim.

Perguntei a Xiaoli se na cultura chinesa ela havia aprendido ou sabia ler borra de chá, foi quando ela falou em chinês com sua avó, olharam-se, sorriram muito, e então ela me respondeu que durante muitos anos de sua vida teve uma sala na sobre loja do mesmo prédio, onde praticava a arte da teimancia para os chineses que buscavam respostas e soluções para a vida difícil no país, poucos falam sua língua, com exceção dos chineses de Macau e os de Cantão, que falavam português.

Então Xiaoli traduzia para o atendido o que Meiying interpretava por meio das imagens da borra do chá, as mensagens, como resposta da pergunta realizada.

Perguntei se havia a possibilidade de ela me falar sobre como é a técnica. Ela sorriu e respondeu: "Nunca veio aqui alguém interessado na técnica, eles só vêm para perguntar".

E então ela falou com a avó, que inclinou sua cabeça e, de mãos juntas ao peito, fez três reverências. Sorrindo, ela afirmou que poderia sim, com muito prazer, repassar o seu conhecimento. Combinamos o local e a hora.

Na data marcada, iniciou-se um ritual no qual a neta participou narrando todo o processo. Pedi permissão para gravar o ritual; a resposta foi afirmativa e seguiu-se a explicação dos desenhos e seus significados.

Método chinês de Leitura da Borra de Chá

Material

- Uma xícara branca de boca larga e seu respectivo pires (ambos para chá).
- Uma colher de chá (pode ser de metal).
- Chá-preto ou *tea jasmine* (não serve chá de saquinho).
- Uma chaleira.
- Um fogareiro.
- Água (volume de uma xícara para fazer o chá).

Preparo

Preparo de uma infusão de chá-preto ou *tea jasmine* usando as folhas.

- Esquente água numa chaleira.
- Quando começar a ferver, despeje numa xícara.
- Se desejar pode usar açúcar, porém não é costume usar açúcar no chá.
- Acrescente as folhas de chá.
- Tampe com o pires e deixe repousar por cinco minutos.
- Retire o pires e dê para pessoa beber a infusão.
- Depois de beber, volte a tampar o pires e deixe mais alguns minutos.
- Em seguida, vire a xícara sobre o pires, para que escorra bem e fiquem apenas as folhas.

Consulta

Identifique a forma que as folhas "desenharam" e veja o valor simbólico nas anotações que Dona Meiying deixou; podem aparecer outros desenhos que talvez não esteja nesta lista, cabe a você interpretar. Pela experiência e anos de prática que tenho, posso afirmar que nada fica sem significado na leitura, é como na vida, tudo tem um motivo e nada fica sem resposta.

Símbolos da Borra de Chá fornecidos por Dona Meiying

A
ANEL – Noivado ou casamento em futuro próximo.
 ARANHA – Por se um símbolo solar, a aranha é um animal predador e simboliza o perigo. É a grande mãe; a criadora cósmica; a senhora e tecelã do destino. Cuidado com o narcisismo. Advertência de um fato ou de uma circunstância desagradável.
 ARCO – Representa firmeza, vontade e determinação. Possibilidade de uma longa viagem para outros países.
 ÁRVORE – Boa sorte; recuperação da saúde e bem-estar.

B

 BALANÇA – Triunfo num litígio proceda com justiça; equilíbrio emocional; cuidados com a saúde. Você parece se sentir incapaz de atingir os padrões de beleza da sociedade.

 BANDEIRA – Conflitos, brigas, litígios, desapontamento.

 BENGALA – Uma visita inesperada, que trará alegria; a ajuda está a caminho; dê mais atenção a si mesmo. Elevação social e ganhos inesperados.

 BORBOLETA – Prazeres frívolos e inocentes; paixão; cuidado com a perda de dinheiro; dê atenção à sua família.

C

 CABRA – Ameaça. Tenha cuidado com a má vontade dos outros.

 CACHORRO – Fidelidade; perdão; cuide melhor de suas amizades.

 CADEADO – Bloqueios; vulnerabilidade; restrições. Representa aquilo que queremos manter ou o que temos medo de perder.

 CADEIRA – Privilégios financeiros, dinheiro inesperado; atenção redobrada ao trabalho.

 CHAVE – Sabedoria, conhecimento, mistério e prosperidade. Símbolo que abre todas as portas da boa sorte; a resposta certa está chegando.

 CARACOL – Seu comportamento vai escandalizar os seus amigos, mas seu excesso de proteção atrapalha sua vida.

 CARANGUEJO – Precisa tomar cuidado com uma pessoa inimiga; observe sua vida, veja se não está andando sem sair do lugar.

 CARRO – Boa sorte no aspecto financeiro ou profissional; movimente mais a sua vida.

 CASA – Aproveite este momento para realizar novos projetos. Dê mais atenção à família. Êxito social, casa com grande número de portas e janelas representa plenitude no amor e no sexo.

 CAVALO – Liberdade; coragem; uma nova vida se inicia; favorável a pequenas viagens.

 COELHO – Você se deixa dominar pela timidez; cuidado com doenças sexualmente transmissíveis; risco de impotência; risco de gravidez na adolescência.

 COGUMELO – Conquista social, prestígio e sucesso econômico; tenha cautela com as palavras.

 COLUNA – Não seja arrogante, não fortaleça a solidão e a falta de comunicação. Coluna representa suporte; força; ela é o centro do mundo, a base sustentadora. Fique atento, você pode estar querendo sustentar mais do que pode.

 COMETA – Mensagem ou notícias do exterior. Simboliza poder e grandiosidade. Atenção: proximidade de um nascimento.

 COQUEIRO – Simboliza ascensão, vitória, regeneração. Pessoas de alta posição se interessarão por você.

 CORAÇÃO – Representa verdade, justiça, intuição, nascimento e regeneração. Precisa dar mais atenção à sua vida sentimental.

 CROCODILO – Símbolo da abundância e da fecundidade, representa também força e morte. Não crie situações nas quais você mesmo será a vítima.

 COROA – Triunfo; uma herança, novo trabalho, novo amor; pense de forma positiva.

 CRUZ – Símbolo da fé e da solidariedade. Alguém precisa de sua ajuda, faça um sacrifício pessoal.

D

 DRAGÃO – Sua vida está coroada pelo sucesso; proteja-se; cuidado com o alcoolismo e com amores fúteis; procure alcançar seus objetivos sem prejudicar ninguém.

E

 ELEFANTE – Cuidado com o limite que você não tem, mas exige das pessoas; sabedoria, força, sucesso, segurança.

 ESCADA – Não dê ouvidos aos murmúrios e à inveja; seus planos só darão certo se você se afastar de quem não quer lhe ver crescer; a sexualidade está no seu ápice.

 ESPADA – Impetuosidade, conspiração, intrigas; perdas e ganhos rápidos ou em curto período.

 ESTRELA – Símbolo da verdade e da esperança. Representa a luz que guia na escuridão. Você encontrará a pessoa que há tanto tempo procura.

F

 FACA – Não cometa uma traição, seja menos impulsivo; a saúde pede atenção; intrigas e desentendimentos estão para acontecer.

 FLECHA – Notícia ruim ou mensagem com más notícias; uma conquista ou uma ruptura está para acontecer; seu destino está traçado.

 FOLHA – Realização de sonhos esperanças e ambições; sugere disciplina e estabilidade para resolver suas questões; observe melhor os ciclos da vida; amor platônico.

G

 GAIVOTA – Símbolo da liberdade. Exerça seu poder de decisão. Não se deixe dominar.

 GALO – Seu erotismo é muito perigoso; pense antes de agir; se não der atenção à sua mulher poderá perdê-la; evite brigas infrutíferas e viagens sem sentido.

 GATO – Cuidado com uma traição; símbolo da independência, da sabedoria, da sensualidade, da sagacidade e do equilíbrio. Oscila entre o bem e o mal.

 GUARDA-CHUVA – Representa riqueza, status e proteção. Você precisa visitar seus amigos e reforçar a amizade.

H

 HOMEM – Símbolo que representa força bruta, agressividade, violência; fique atento a um encontro importante com uma pessoa desconhecida.

L

 LINHAS – Vertical: representa elevação; horizontal: simboliza o equilíbrio. Concentre-se nos seus projetos.

 LIVROS – Precisa ser mais enérgico; não recue. Um livro aberto, demonstra seus sentimentos; fechado os esconde. Símbolo de revelação e conhecimento; suas páginas representam possibilidades de crescimento.

 LUA – Uma aventura sentimental que o deixará feliz; símbolo dos enamorados e dos valores noturnos; um sonho pode ser realizado; a luz vai superar as trevas; procure a sua própria luz; aproveite as diferentes fases e mude a sua aparência.

 LETRA X – Letra que simboliza o desconhecido, o mistério, aquilo que deve ser revelado. O desencontro de amor chega ao fim.

M

 MÃO – Sucesso social, novos amigos; união, companheirismo, respeito, confiança. Momento de guardar sua dor e estender sua mão a quem precisa.

 MACHADO – As dificuldades serão superadas rapidamente; dedique seu tempo para resolver pessoalmente situações de conflito.

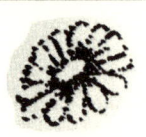 MARGARIDA – Seus desejos serão realizados; sua pureza é cativante; paz e gratidão estão no seu caminho.

 MARTELO – Os obstáculos serão superados; tenha fé; criação e destruição estão por vir; vida e morte; encerramento de um ciclo; renovação.

 MOEDA – Representa riqueza, prosperidade, mas cuidado, não faça negócios neste mês, não empreste dinheiro.

 MESA – Festas, convites, pequenas viagens, união em família; fartura.

 MOINHO – Uma paixão proibida, prostituição, corrupção. Cuidado com projetos muito elaborados, a simplicidade pode alcançar um resultado maior.

 MONTANHA – Precisa finalizar o que já foi começado; momento de introspecção e de isolamento espiritual. As montanhas abrem e encerram ciclos; fique atento aos prazeres terrenos, não deixe que eles sejam os picos de sua vida.

 MORCEGO – Uma viagem que não trará benefícios está para acontecer; cuidado com pessoas que só querem "sugar" o que você tem. Amores tóxicos podem interferir no seu julgamento.

 MULHER – Felicidade e muito prazer; reencontro feliz; nascimento; fertilidade; amor e desejo sexual.

N

 NAVIO – Você encontrará o apoio de quem precisa; uma travessia ou uma viagem que cruza a fronteira vai acontecer em breve.

 NÚMERO 2 – Uma nova parceria pode surgir. Novos rumos. Cuidado com conflitos com a pessoa amada.

 NUVENS – Problemas que não encontram soluções, o clima pode estar pesado; natureza confusa, indefinida, indiferenciada; cuidado com acúmulos desnecessários.

O

 OLHOS – Cuidado, você está sendo vigiado; os olhos representam a percepção unificadora do futuro e do passado; é o símbolo do conhecimento aguçado.

 OVO – Nascimento de uma criança ou gravidez próxima; energia vital; fertilidade; eternidade. Normalmente carrega associações puramente positivas como o renascimento, a renovação, a transformação, o divino, a sabedoria e a riqueza.

P

 PANELA – Tranquilidade familiar paz no lar e na família. Coisas boas estão para acontecer!

 PARA-RAIOS – Mudanças, transformações, mau presságio. Mas não se preocupe, depois da tempestade vem a calmaria.

 PÁSSARO – Muita boa sorte, boas notícias do estrangeiro. Símbolo da imortalidade da alma, pode representar também a alma de uma criança. Mas atenção, um pássaro noturno pode ser mensageiro de más notícias.

 PEIXE – Muita boa sorte em todos os aspectos da vida; amuleto da fertilidade e de proteção, o peixe demonstra que o momento é de abundância, "a pesca será farta".

 PENA – Instabilidade falta de concentração. Simboliza a boa sorte, a proteção e a força do pensamento. É o símbolo da justiça e pode simbolizar também, o auxilio da chegada das mensagens aos deuses a fim de obterem a proteção divina.

 PENTE – Associado à mulher, o período é favorável à sedução; é um meio de comunicação com os poderes sobrenaturais, penetrando o ser pelo alto da cabeça. Seu aspecto de manter unidos os cabelos traduziria capacidade de elevação. Cuidado com as pessoas que bajulam.

 PINHEIRO – Sucessos artísticos, fama, glória e muita vaidade representam esse símbolo. O momento é de confraternização e religiosidade, pois o pinheiro é um dos principais símbolos do nosso Natal.

 POLVO – Simboliza uma pessoa polivalente, quem quer abraçar o mundo com "as mãos". Cuidados com um amor clandestino ou com um triângulo amoroso.

 PORCO – Uma pessoa impura, com pensamentos sujos pode querer lhe prejudicar. Cuidado com a obesidade proveniente da gula. Por outro lado, a porca representa boa sorte; aproveite este momento afortunado.

Q

 QUADRADO – Insatisfação sexual; solidão; falta de coragem; seja firme em seus objetivos, a organização vai ser sua aliada neste momento.

R

 RAMO DE FLORES – Felicidade e alegria num futuro próximo; possível casamento ou união duradoura.

 RATO – Simboliza avareza, ganância, roubo, impureza. Cuidado com traição dentro da família; evite os mexericos.

 RODA – Novas oportunidades se apresentarão a você. A roda é o conceito de ação contínua, dos altos e baixos da existência humana.

S

 SEREIA – Uma grande tentação fará você hesitar. Cuidado com mulher altamente sedutora e maléfica. Risco de afogamento.

 SERPENTE – Difamação, vícios, vida sexual turbulenta. Algo pode estar além do seu controle.

 SINO – Um momento de alegria e de muita compreensão. Religiosidade; capacidade de afastar energias negativas.

 SOL – Grandes sucessos, felicidade e muito poder. Juventude, fogo, realeza, força, perfeição; é o nascimento e a morte, a ressurreição e a imortalidade.

T

 TAÇA – Não aceite propostas de pessoas desconhecidas. Símbolo da salvação e da libertação. Muitas bençãos cairão na sua vida.

 TAMBOR – Cuidado com os escandalosos e com as más companhias.

 TARTARUGA – Você deve apreender a aceitar as críticas. A tartaruga é símbolo de conhecimento, concentração e sabedoria. Quando sentir que as coisas não estão dando certo, recolha-se dentro de si mesmo para achar a solução.

 TRIÂNGULO – Começo de uma relação sentimental. Símbolo da Santíssima Trindade, indica desenvolvimento e amadurecimento espiritual.

V

 VELA – Símbolos de iluminação e transformação. A vela representa o ser humano: corpo (vela), consciência (pavio) e espírito (chama). Cuidado com ciúme injustificado; seja mais seguro.

CAFÉ – UMA FONTE DE MUITA INSPIRAÇÃO

Segure uma xícara exalando o aroma de um bom café e você estará com a história em suas mãos.

Apenas um pequeno gole dessa saborosa bebida fará com que você possa fazer parte de uma enorme cadeia de produção, romantismo e lances de muita ousadia, iniciada há mais de mil anos na Etiópia.

O hábito de tomar café foi desenvolvido na cultura árabe. No início, o café era conhecido apenas por suas propriedades estimulantes e a fruta era consumida fresca, sendo utilizada para alimentar e estimular os rebanhos durante viagens.

Com o tempo, o café começou a ser macerado e misturado com gordura animal para facilitar seu consumo durante as viagens.

No ano 1000 d.C., os árabes começaram a preparar uma infusão fervendo as cerejas em água. Somente no século 14 o processo de torrefação foi desenvolvido e finalmente a bebida adquiriu um aspecto mais parecido com o dos dias de hoje.

A difusão da bebida no mundo árabe foi bastante rápida. O café passou a fazer parte do dia a dia daquele povo, sendo que, em 1475, até foi promulgada uma lei permitindo à mulher pedir o divórcio se o marido fosse incapaz de lhe prover uma quantidade diária da bebida.

Filme de 2016, *Antes de Partir Encontre a Alegria de Viver*, com Jack Nicholson e Morgan Freeman, que conta a origem da Lenda de Kaldi.

A admiração pelo café chegou mais tarde à Europa, durante a expansão do Império Otomano. Não há evidência real sobre a descoberta do café, mas há muitas lendas que relatam sua possível origem. Uma das mais aceitas e divulgadas é a do pastor Kaldi, que viveu na Abissínia, hoje Etiópia, há cerca de mil anos.

Ele conta que Kaldi, observando suas cabras, notou que, às vezes, elas ficavam alegres e saltitantes, e que essa energia extra se evidenciava sempre que mastigavam os frutos de coloração amarelo-avermelhada dos arbustos existentes em alguns campos de pastoreio.

O pastor notou que as frutas eram fonte de alegria e motivação e, somente com a ajuda delas, o rebanho conseguia caminhar por vários quilômetros por subidas infindáveis.

Kaldi comentou sobre o comportamento dos animais a um monge da região, que decidiu conferir o motivo daquilo. O monge apanhou um pouco das frutas, levou consigo até o monastério e começou a utilizá-las na forma de infusão, percebendo que a bebida o ajudava a resistir ao sono enquanto orava ou em suas longas horas de leitura do breviário.

Evidências mostram que o café foi realmente cultivado pela primeira vez em monastérios islâmicos, no Iêmen. Essa descoberta se espalhou rapidamente entre os monastérios, criando uma demanda pela bebida.

A palavra *café* não é originária da Kaffa, local de origem da planta, mas, sim, da palavra árabe *qahwa*, que significa vinho. Por esse motivo, o café era conhecido como "vinho da Arábia", e era guardado a sete chaves pelos árabes.

A semente de café fora do pergaminho não brota; portanto, somente nessas condições as sementes podiam deixar o país. Era proibido que estrangeiros se aproximassem das plantações, e os árabes protegiam as mudas com a própria vida.

Até o século 17, somente os árabes produziam café. Alemães, franceses e italianos procuravam desesperadamente uma maneira de desenvolver o plantio em suas colônias. Mas foram os holandeses que conseguiram as primeiras mudas e as cultivaram nas estufas do jardim botânico de Amsterdã, fato que tornou a bebida uma das mais consumidas no velho continente, passando a fazer parte definitiva dos hábitos dos europeus.

A partir dessas plantas, os holandeses iniciaram, em 1699, plantios experimentais em Java. Essa experiência de sucesso trouxe lucro, encorajando outros países a tentar o mesmo. A Europa maravilhava-se com o cafeeiro como planta decorativa, enquanto os holandeses ampliavam o cultivo para Sumatra, e os franceses, presenteados com um pé de café pelo burgo mestre de Amsterdã, iniciavam testes nas ilhas de Sandwich e Bourbon.

Com a experiência holandesa e francesa, o cultivo de café foi levado para outras colônias europeias. O crescente mercado consumidor europeu propiciou a expansão do plantio de café em países africanos e a sua chegada ao Novo Mundo.

Pelas mãos dos colonizadores europeus, o café chegou ao Suriname, São Domingos, Cuba, Porto Rico e Guiana. Foi por meio das Guianas que chegou ao norte do Brasil.

As primeiras cafeterias, conhecidas como Kaveh Kanes, surgiram em Meca, em centros religiosos para reza e meditação em que era proibido o consumo de qualquer tipo de bebida alcoólica. Dessa forma, os Kaveh Kanes se transformaram em casas onde era possível se passar à tarde conversando, ouvindo música e bebendo café. As cafeterias se tornaram famosas no Oriente pelo seu luxo e suntuosidade e pelos encontros entre comerciantes, para a discussão de negócios ou reuniões de lazer.

O hábito de tomar o café, principalmente em Veneza, estava associado aos encontros sociais e à música, que ocorriam nas alegres Botteghe Del Caffè.

Segundo a cultura turca, o café, ou melhor, o *Türk kahvesi*, é tão importante na Turquia que influencia até o idioma: o café da manhã é chamado de *kahvalti* e a cor marrom é chamada de *kahverengi*, ou seja, cor do café.

Em casamentos, é tradição a família do noivo visitar a casa da noiva, que deve preparar e servir café turco para os convidados.

Em 1687, após uma tentativa frustrada de conquista, os turcos abandonaram várias sacas de café às portas de Viena. As sacas foram usadas pelos vienenses como prêmio pela vitória. Assim é aberta a primeira *coffee house* de Viena e difundido o hábito de coar a bebida e bebê-la adoçada com leite – o famoso café vienense.

As cafeterias desenvolveram-se na Europa durante o século 17, enquanto florescia o Iluminismo e se planejava a Revolução Francesa. Durante tardes inteiras, jovens reuniam-se em torno de várias xícaras de café, discutindo o destino das nações, declamando poemas, lendo livros ou simplesmente passando o tempo.

Atualmente, algumas casas famosas como o Café Procope, em Paris, e o Café Florian, em Veneza, ainda preservam o glamour dessa época. Cafeterias são locais onde pessoas se reúnem para discutir assuntos importantes ou simplesmente para passar o tempo, ou encontrar amigos, além de ser um ótimo local para se fechar um negócio. O ritual do cafezinho é uma tradição que sobreviveu a todas as transformações.

Nos últimos anos, houve uma onda provocada pelas modernas máquinas de café expresso, que revolucionaram o hábito do consumidor, permitindo um crescimento vertiginoso das cadeias de lojas de café.

A técnica de gerenciamento por meio do sistema de licença da marca também permitiu um rápido desenvolvimento dessas lojas especiais, voltadas para um mercado mais exigente, o do café gourmet.

Cafeteria – Europa, século 19 – Café em Veneza

O café no Brasil

O café chegou ao norte do Brasil, mais precisamente em Belém, em 1727, trazido da Guiana Francesa para o Brasil pelo sargento-mor Francisco de Mello Palheta, a pedido do governador do Maranhão e Grão-Pará, que o enviara às Guianas com essa missão.

Já naquela época, o café possuía grande valor comercial. Uma pequena muda de café arábico foi oferecida clandestinamente a um brasileiro. Devido às nossas condições climáticas, o cultivo de café se espalhou rapidamente, com produção voltada para o mercado doméstico.

Num espaço de tempo relativamente curto, o café passou de uma posição até então secundária para a de produto-base da economia brasileira, e se desenvolveu com total independência, ou seja, apenas com recursos nacionais, sendo, afinal, a primeira realização exclusivamente brasileira que visou a produção de riquezas e trouxe crescimento ao país.

Ferrovias foram construídas para permitir o escoamento da produção, substituindo o transporte animal e impulsionando o comércio inter-regional de outras importantes mercadorias. A produção aumentou o contingente de imigrantes, consolidou a expansão da classe média, a diversificação de investimentos e até mesmo intensificou movimentos culturais.

A partir de então, o café e o povo brasileiro passam a ser indissociáveis. A riqueza fluía pelos cafezais e evidenciava-se nas elegantes mansões dos fazendeiros, que traziam a cultura europeia aos teatros erguidos nas novas cidades do interior paulista.

Durante dez décadas, o Brasil cresceu movido pelo hábito do cafezinho servido nas refeições, interiorizado em nossa cultura, construindo fábricas, promovendo a miscigenação racial, dominando partidos políticos, derrubando a monarquia e abolindo a escravidão.

Além de ter sido fonte de muitas das nossas riquezas, o café permitiu alguns feitos extraordinários. Durante muito tempo, o café brasileiro mais conhecido em todo o mundo era o do tipo Santos. A qualidade do café santista e o fato de ser um dos principais portos de exportação determinaram a criação desse que foi o principal produto da época.

Mesmo com a crise de 1929, o café continua sendo um dos produtos mais importantes para o Brasil. Hoje, o país é o primeiro produtor e o segundo consumidor mundial de café.

Algumas formas de consumo do café no mundo

O café é, ao lado da cerveja, a bebida mais popular do Planeta. Apesar da preferência, as suas formas de consumo são tão diversas que podem fazer com que o consumidor mais desavisado tenha grandes surpresas.

Veja como o café é consumido em alguns lugares do mundo:

- França: o produto muitas vezes é bebido acrescido de chicória.
- Áustria: pode-se beber o produto com figos secos, sendo que, em Viena, a capital do país, é uma tradição o oferecimento de bolos e doces para acompanhar o café com chantilly.
- África e Oriente Médio: é comum acentuar o sabor do café com algumas especiarias, tais como canela e cardamomo, alho ou gengibre.

- Bélgica: o produto é servido com um pequeno pedaço de chocolate, colocado no interior da xícara, que se derretem quando entra em contato com o café.
- Itália: a preferência é pelo café expresso servido em xícaras pequenas.
- Grécia: o café é acompanhado por um copo de água gelada.
- Cuba: é consumido forte e adoçado, e em um só gole.
- Sul da Índia: a bebida é misturada com açúcar e leite e servida com doces.
- Alemanha: em algumas regiões, o café é servido com leite condensado ou chantilly.
- Suíça: adiciona-se ao café um licor, o kirsch.
- México: em muitos lugares, o café é oferecido gratuitamente e pode ser consumido em grandes quantidades.
- Estados Unidos: aguado e com pouco sabor, o chamado *café americano*, como é conhecido também no México, é muito popular, sendo uns do mais consumidos no mundo.

LEITURA DA BORRA DO CAFÉ

No mundo árabe, a cerimônia de preparar e servir o café faz parte da tão conhecida hospitalidade daquele povo; sinal de que a visita é bem-vinda e honrada por seu anfitrião.

No dia a dia, o café é preparado em pequenas quantidades em um bule especial sem tampa. Depois de pronto, ele recebe temperos especiais como hâl (cardamomo), e é servido em outro bule, limpo, acompanhado de pequenas xícaras sem alça.

O café árabe não é coado, espera-se a borra assentar no fundo para servi-lo. Esse costume foi muito difundido nos países árabes, tornando-se uma de suas mais ricas tradições, principalmente no Irã, na Turquia e no sul da Rússia, onde era praticada pelas cortes dos grandes czares e responsável por decisões importantes para a humanidade.

Atualmente, essa prática, que foi passada de geração a geração, é muito difundida pelos nômades e utilizada na Turquia e nos países do norte da África. Nas famílias árabes mais tradicionais ainda hoje as mães leem as xícaras "sujas" dos filhos e dos maridos depois do almoço.

O futuro na borra de café

Como já vimos, o desejo do ser humano em prever o futuro pode estar em sua natureza, e o acompanha desde o início de sua existência.

Vimos também que as runas, o tarô, a leitura das mãos, a astrologia, os búzios e a quirologia são alguns dos meios oraculares mais conhecidos, e "prometem" falar sobre o que ainda não aconteceu.

Foi embasada nessa necessidade, que civilizações árabes desenvolveram a cafeomancia: arte de prever o futuro de quem tomou o café por meio de figuras feitas na borra deixada na xícara.

O café inspira e aproxima as pessoas, estimula o cérebro, alegra o espírito e revela o futuro.

Segundo Eliane Vituzzo a borra do café mostrará o presente e o futuro próximo, o passado será mostrado apenas se tiver relação com o presente ou com o futuro. Na realidade, trata-se de um portal de acesso aos nossos registros mais importantes, e nos aponta sempre o que deve ser resolvido de imediato, para um melhor resultado no futuro. Entrar em contato com essa técnica é também permitir-se atravessar o portal do autoconhecimento e do sagrado em sua vida, além de conhecer mais intimamente um pouco da crença de algumas culturas que assim fazem uso dessa mancia.

Por meio da leitura da xícara e do pires é possível saber sobre a vida profissional, espiritual e emocional (família, amigos, relacionamento). Na parte emocional é possível ver o passado e até obter informações de vidas passadas, desde que tenha interferência com o momento atual e suas decisões futuras.

Mesmo que hoje em dia existam formas diferenciadas de fazer a previsão, isso não torna menos qualitativa sua mensagem, porém, o contato com o café é fundamental para uma orientação adequada, que chega a abranger até seis meses.

A energia da pessoa que degusta o café tem influência nos resultados que aparecem na xícara e no pires, nos resíduos de café, mostrando conceitos e caminhos. Essa leitura é extremamente eficiente, pois o café teve contato direto com a "porta da vida" ou com a "porta da respiração": a boca.

A boca é um órgão especial, no qual se comunicam o corpo, o espírito e a alma com o mundo exterior, que é simbolizado pelo ar. É o local no qual o corpo físico, o corpo etérico e o corpo astral se unem. O café é um fruto da terra, que precisa de água para se transformar em bebida, de fogo para ferver a água, e da passagem pela "porta do ar", para ser sentido. Ou seja, são quatro as bases que tomam parte do processo – Terra, Água, Fogo e Ar (espírito).

Na minha maneira de tratar o método de Leitura da Borra do Café, a boca, que representa o elemento Ar, pode ser substituída pelo pensamento focado, que também se utiliza do elemento Ar – a mente.

Ler a Borra de Café é uma arte, assim como ler os hieróglifos. Dentro dos costumes antigos, acreditava-se que, quando havia uma previsão de maus presságios, devia-se quebrar a xícara para evitar o mal. E quando se desejava realizar o que o presságio dizia, guardava-se a xícara em um pano preto até o acontecimento.

Conheça os mistérios que envolvem essa ferramenta de interpretação. A Leitura da Borra do Café é realizada dentro de uma hora para atendimentos particulares, e para eventos corporativos são necessários quinze minutos por pessoa. É uma prática que só pode ser realizada pessoalmente.

A borra de café e os elementos

A identificação dos elementos da natureza na Leitura da Borra de Café define como o indivíduo está reagindo ao meio externo, assim como caracteriza seus pensamentos, sentimentos e motivações. Observe a xícara de um modo geral e tente sentir quais elementos estão em evidência: Ar, Água, Fogo ou Terra.

 O ELEMENTO TERRA tem relação com a vida material.

 O ELEMENTO ÁGUA tem relação com os sentimentos e com as emoções.

 O ELEMENTO FOGO tem relação com as convicções, com a fé e com a força vital.

 O ELEMENTO AR tem relação com os pensamentos, com a comunicação e com a sociabilidade.

É natural visualizar dois tipos de elementos na mesma leitura, como, por exemplo, Terra /Ar e Terra/Fogo.

Os elementos ajudam a dar uma noção sobre a maneira como o consulente está no momento, veja:

Elemento Terra

Presença de gnomos – Aponta pessoas voltadas para concretização de seus objetivos. Nesse caso, a borra é compacta – se estiver bem definida, com desenhos visíveis/propósitos. Caso esteja mal definida, a energia está pesada, é bom preparar uma nova xícara ou fazer a leitura em outro dia.

Elemento Fogo

Presença de salamandras – Representa pessoas voltadas para os aspectos espirituais ou idealistas. A borra é ramificada em "s" e geralmente cobre toda a xícara, não deixando espaços em branco – os desenhos tendem a ser confusos ou dúbios, o que denota que o consulente possui muita energia. Nesses casos é bom orientar a pessoa a praticar ou desenvolver diversas atividades para equilibrar o excesso energético. Pessoas muito sensitivas, dotadas de muita espiritualidade.

Elemento Ar

Presença de fadas ou de borboletas – O Ar simboliza pessoas voltadas ao plano de ideias, à comunicação e nosso lado social. A borra é ramificada e clara – expressa muita atividade mental, muitas ideias, mas ainda sem direcionamento. Comunicação em alta, muito dinamismo. Sugere descanso ou definição de propósitos.

Elemento Água

Presença de sereias ou peixes – As pessoas voltadas aos aspectos emocionais são representadas pelo elemento Água. Borra com ramificações na horizontal – xícara tem pouco peso. É muito raro uma leitura sair com este elemento, geralmente ela é mista, oscilando entre Ar e Água ou Terra e Água. Água denota muita sensibilidade emocional sem direcionamento.

Caso a xícara mostre apenas um símbolo ou um desenho indistinto, visualmente confuso, considere o momento como disperso (mental); o ambiente, as pessoas, ou os dois, estão carregados. Faça sempre a leitura quando estiver tranquilo, evitando assim influenciar seus significados. Isso porque os Elementais acabam brincando com você, e os desenhos podem sair de forma estranha.

Acima de tudo, respeite o oráculo. Concentre se. Ore e faça outra leitura. Caso não obtenha respostas, melhor deixar a leitura para outro dia.

A ritualística da leitura

Para quem gosta de formalizar a leitura, deixando o ambiente com aspecto oracular, e se preparando para tal, veja algumas opções.

- Prepare a mesa com uma toalha.
- Acenda um incenso e uma vela.
- Concentre-se antes de fazer a leitura.
- Durante a leitura, observe o aspecto geral da borra sobre a borra. Quanto mais espessa ela ficar, mais energia está sendo bloqueada pelo consulente. Quando isso acontecer, faça um novo pensamento e lave a xícara, colocando na sequência uma nova borra.

Quando os traços saírem muito "fracos" ou com várias ramificações, denota que o consulente precisa focar melhor seus objetivos. Muitas ramificações indicam excesso mental e estresse.

Não esqueça de avaliar, também, os desenhos que acompanham o conjunto. Por isso, é interessante fotografar e examinar várias vezes para adquirir muita prática e aguçar sua intuição e o olhar de observador de imagens.

Perceba se a xícara está pesada ou leve, se o conjunto dos desenhos tem movimento, dessa maneira, você poderá complementar os significados dos símbolos.

A asa da xícara separa o passado do presente e do futuro. Seu fundo geralmente revela um alerta para o momento atual. Procure visualizar a borra que escorre até a base da xícara e faça primeiro a leitura destes traços. Em geral, a borra de café mostrará apenas os aspectos atuais e futuros, o passado só será revelado quando houver algo importante para mencionar.

Preste atenção em números, que geralmente são marcos importantes; procure investigar os símbolos próximos ao número, além do aspecto geral da borra.

Quando as imagens desenham números, elas estão revelando datas ou indicando algum acontecimento.

Veja o significado de cada número dando o indicativo do tipo de acontecimento ao qual poderá estar relacionado:

- UM – Número que simboliza o princípio ativo. Representa o ponto de partida de tudo que existe. É o princípio da energia criadora. Revela liderança, ação, iniciação.

- DOIS – Número que simboliza a dualidade cósmica (masculino/feminino). Revela paz, harmonia e equilíbrio.

- TRÊS – Número que simboliza a trindade. Revela comunicação, expressão, arte, ideias formadas, inspiração e criatividade.

- QUATRO – Número que simboliza a matéria e os quatro Elementais. Ar, Fogo, Terra e Água. Revela concretização, trabalho, liderança e poder material.

- CINCO – Número que simboliza o homem sob o controle do espírito (eu superior), assim como a transição, que está relacionada aos cinco sentidos, que é representado no pentagrama (estrela de cinco pontas). Significa no físico, movimento e mudanças.

- SEIS – Número que simboliza a harmonia universal. Representado pelo hexagrama (estrela de seis pontas) onde as energias masculina e feminina são simbolizadas por dois triângulos invertidos. Revela amor universal, caridade e compaixão.

- SETE – Simboliza a totalidade do Universo, tendo como objetivo principal o amor. Número enigmático associado à magia, a ciência e a filosofia. Revela introspecção, inteligência, estudo. Número tanto de sorte como de azar, dependendo de como se apresenta.

- Oito – Simboliza o infinito, que é representado pela Lemniscata de Bernoulli. Amor, fé e ação. Revela liderança, saúde e poder.

- Nove – Simboliza todos os estágios, todas as experiências. O nove é o número da sabedoria adquirida, representa finalizações. Revela amor, fé, caridade e desprendimento.

As letras que podem aparecer na Leitura da Borra de Café têm como principal significado os avisos por correspondências, convites, contratos a firmar, inicial de nome pessoal e também pode fazer alusão a inicial de um mês em específico.

Cada letra do alfabeto relaciona-se a um número, conforme tabela baseada na Pitagórica, que fornece a vibração numérica em que a letra está associada, podendo prever o tempo aproximado da realização do evento: os outros símbolos perto das iniciais fornecerão dados para complementar a previsão. Descubra na tabela a seguir a vibração referente ao número para obter informação de seu significado, faça a associação com os outros símbolos presentes, alcançando, assim, uma interpretação mais detalhada.

LETRAS	NÚMEROS	LETRAS	NÚMEROS
A/J/S	1	F/O/X	6
B/K/T	2	G/P/Y	7
C/L/U	3	H/Q/Z	8
D/M/V	4	I/R	9
E/N/W	5		

A cafeomancia, assim como qualquer outra mancia, exige prática, dedicação e intuição. Porém, diferentemente de algumas técnicas, na leitura da borra ainda tem o elemento artístico e o da imaginação. Deixe sua mente divagar pelas imagens e acredite até mesmo nas associações mais improváveis. Estude cada uma delas e aprenda a desenvolver a sua. Alguns leitores consideram que as imagens formadas nas laterais das xícaras se referem ao que vai acontecer no presente, enquanto que aquelas que são formadas no fundo representam o que poderá acontecer no futuro. As imagens formadas podem ser lidas tanto na parte branca como na parte escura da xícara. O importante é dar atenção ao que lhe vem de imediato à mente quando observar os resíduos.

Vários tipos de figuras aparecem na Leitura da Borra de Café, é muito importante verificar qual sentido revela, em particular, cada uma delas. Usar a sua intuição, além de todos os significados relacionados aqui, é primordial.

Podem aparecer desenhos como, por exemplo: monstros, figuras disformes, cabeças com chifres e caveiras. Isso não é um bom sinal. Procure antes de fazer a leitura ter pensamentos bons. Se a consulta é para outra pessoa, seja sutil, cuidado com o que vai falar, promova uma concentração positiva. É necessário verificar o aspecto geral da borra, a maneira como aparecem os desenhos, se estão hostis, alegres, harmônicos ou totalmente distintos um do outro.

Os símbolos sempre alertam para algum acontecimento importante na vida, confirmando sucesso, dificuldade ou desistência, e ainda revelam resultados para as questões ou um marco importante para qualquer evento.

Veja alguns exemplos:

- ANIMAIS – Têm relação com comportamentos. Os animais podem representar pessoas que o consulente conhece, assim como ele mesmo em uma determinada ocasião. Animais revelam o modo como as pessoas se comportam, características de personalidade e modo de agir, que podem ser do consulente ou de outra pessoa.

- CAPACETES, ELMOS, SOLDADOS – Têm relação com defesa e proteção; atenção especial com seus pensamentos; proteja-se de pancadas na cabeça.

- CRUZ – Representa momentos decisivos. A cruz é um símbolo de muita sorte. Em suas diversas formas, elas marcam um determinado destino. Observe a conexão com as estrelas de seis pontas, ou estrelas de cinco pontas, e com a cruz de Ank (cruz egípcia), ou o olho de Hórus revelando grande proteção espiritual.

- Estrela, Sol, Lua – Símbolos de sorte; podem alertar sobre algum acontecimento importante, como sucesso, mudanças, renovação.

- Elementais, gnomos, sereias, bruxas – Estão relacionados com limpeza e confirmação de eventos; com encantos e falsidades; cuidado para não ver coisas que não existem.

- Ferraduras, pirâmides – Estão relacionados com o nosso lado material. Representam sorte e prosperidade; podem representar, também, obstáculos na sua jornada.

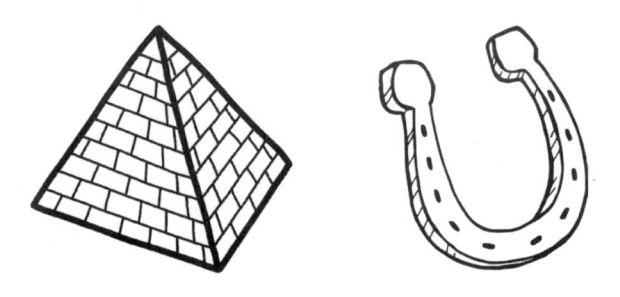

- Objetos – Estão relacionados com o tipo de evento que o consulente está em contato no momento.

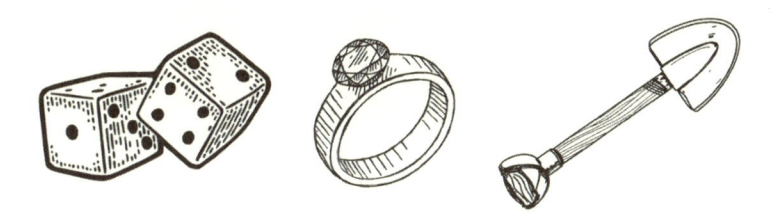

- Deuses/deusas, anjos – estão relacionados com as proteções espirituais, assim como caracterizam a espiritualidade do consulente, os tipos de afinidades espirituais, os mentores que estão mais afinizados e a energia que está sendo emanada.

- Senhoras antigas – têm relação com o aspecto feminino, a sensualidade e a beleza.

MÉTODOS DE LEITURA

Neste capítulo, selecionei algumas técnicas gentilmente cedidas por leitoras de borra de café que, ao longo da minha trajetória, tive o prazer de conhecer e entrevistar. Vou apresentar um pouco da biografia de cada uma delas e, na sequência, seus métodos e suas práticas. Algumas delas preferem seguir somente a intuição, outras gostam de ter uma tabela ou um glossário à disposição, mas acabam não os consultando, elas dizem que a prática, com o tempo, faz a interpretação vir naturalmente, tendo em conta que se trata de uma técnica projetiva.

Para aqueles que querem aprender essa arte, poderão tomar como base estes exemplos em seus estudos. Com o tempo, cada pessoa desenvolve suas próprias interpretações. Use a sua intuição.

Dona Lygia

De origem grega, Dona Lygia foi criada pelos avós, após a trágica morte de seus pais durante a travessia da Grécia para o Brasil, e acabou se casando com um norte-americano. Como mandava a tradição de sua família, e como era de agrado de seu marido, ela se apresentava aos convidados, com a dança do ventre, nas reuniões que ele dava em casa e, na sequência, fazia a Leitura da Borra de Café para as pessoas ali presente.

Ingredientes

- Duas colheres de sobremesa de pó de café.
- Uma colher de sobremesa de açúcar.
- Uma xícara de café de água quente.

Preparo

- Coloque as duas colheres de pó de café em um pote baixo, despeje a água quente e o açúcar, misture e deixe descansar por cinco minutos.
- A mistura não pode ficar nem consistente nem aquosa demais.

Leitura

Coloque três colheres (sobremesa) da bebida no fundo da xícara, tampe com o pires, vire para dentro, na direção do coração, e deixe descansar por alguns minutos, pegue a xícara e faça a leitura.

> A xícara deve ser utilizada só para a leitura e, em seguida, deve ser lavada e depois limpa com um pouco de álcool 96 °, pois, com o tempo, é possível haver rachaduras na porcelana, ou uma descarga energética, e a xícara quebrar, não estranhe; hora de jogar fora.

Coloque sempre um cristal de turmalina negra na base da xícara enquanto espera a borra escorrer, assim ela fica protegida de qualquer pensamento que bloqueie a leitura. Além da turmalina podem ser usados os cristais de ametista, citrino, água-marinha, ágata, turquesa ou pirita.

Dona Lygia usava uma lupa para visualizar os detalhes e uma lanterna pequena para utilizar em momentos em que possa haver ausência de iluminação. Ela diz:

> Hoje, com toda a tecnologia a nosso favor – podemos usar uma máquina fotográfica, e até celulares, para copiar as imagens e estudá-las mais tarde.

Não podemos mais dizer que não estudamos, não pesquisamos, porque é difícil. A exemplo dessa senhora, podemos ver que ferramentas não nos falta, podendo até mesmo gravar em áudio ou em mp3, para poder rever posteriormente as nossas leituras.

Dona Lygia dizia que nunca criou imagens próprias, pois não teria espaço para tanto, mas aconselha aos iniciantes da arte a ver o maior número de desenhos e ideias que puder e, no fim, usar mesmo é a sua intuição.

Dona Nádia

Filha de pais russos, Nádia reside no Brasil desde os 10 anos de idade. Sua técnica de Leitura da Borra de Café foi aprendida com sua avó, e é praticada por ela até os dias de hoje, na região do bairro do Itaim, na capital de São Paulo.

Ela conta, com lágrimas de saudade e emoção nos seus lindos olhos verdes, e com voz embargada, que a Leitura da Borra de Café é um método de projeção de imagens com formações dos borrões, que traz de volta a sensibilidade e a imaginação das pessoas que desejam conhecer e ter respostas por meio dos desenhos deixados no interior das xícaras de café.

Minha avó contava essa história assim: "sentadas em tapetes coloridos, descansando os corpos seminus em macios almofadões, as odaliscas esperavam que a Lua iluminasse as fontes e as flores do jardim. Uma brisa suave balançava as cortinas transparentes que recobriam as arcadas e as janelas. O quase imperceptível som das flautas e dos alaúdes se espalhavam docemente pelo enorme aposento, aumentando o seu encantado clima de sonhos. Era o harém que esperava a chegada do sultão e, enquanto esperava, preparava um ritual todo especial feito com café. As odaliscas misturavam o finíssimo pó com água quente e o serviam sem coar. Depois elas o bebiam lentamente, atentas às fantásticas formas que os restos de pó iam se desenhando no fundo de cada xícara. A sorte estava lançada, elas sabiam que uma delas seria a escolhida quando a noite chegasse. Na xícara dessa afortunada, a borra do café havia desenhado o amado perfil do sultão".

Essa cena, que parece sair de um conto das *Mil e Uma Noites*, mostra uma das mais ricas tradições da cultura Árabe: a cafeomancia, isto é, o método de interpretar o futuro feito por meio da Leitura da Borra do Café.

Tomando como base a prática desses povos, foi feita uma grande pesquisa, a qual, por sua vez, possibilitou a criação de tabelas de interpretações das figuras, que tornam a cafeomancia uma Arte acessível a todas as pessoas.

Como você vai ver a seguir, a Leitura da Borra do Café não é uma prática particularmente difícil, porém, exige muita concentração e uma aguda sensibilidade.

Além disso, cada vez que for usá-la, tente fazê-lo num ambiente adequado, ou seja, com poucas pessoas, sem muito barulho e contando com os materiais necessários.

Dona Nádia diz:

> Para preparar o café, coloque uma colher de pó (moído duas vezes) e uma colher de açúcar para cada xícara de água, juntando tudo numa panela. Leve ao fogo, misturando sempre com uma colher de pau, deixe ferver três vezes. Em seguida, coloque em xícaras de louça branca, sem desenhos ou relevos, e deixe descansar. Passados alguns minutos, comece a beber o café, vagarosamente, concentrando-se na pergunta ou na consulta desejada. Ao terminar de beber, coloque o pires sobre a xícara, como se fosse uma tampa, e vire tudo num movimento rápido. Deixe descansar por mais alguns minutos. A xícara está pronta para você começar a leitura.

Siga estas orientações, elas são de muita importância na leitura.

- Use xícaras com uma única asa.
- A leitura deve ser feita a partir da asa, em sentido anti-horário, ou seja, da esquerda para a direita.
- Primeiro, veja as figuras que se formam na parede da xícara. Essas figuras indicam o presente, a sua situação atual em relação à questão consultada.

- Se houver figuras verticais, como colunas, que atravessam toda a altura da xícara, considerem essas marcas como símbolos de tempo, correspondendo um mês a cada uma delas.

- Olhando atentamente e usando a sua imaginação, veja com que se parecem às figuras que a borra do café formou e anote-as.

- Quando tiver terminado de ler a parede da xícara, leia seu fundo, que indica o futuro.

- Anote ou desenhe as figuras encontradas ou use uma máquina fotográfica para ter os registros fieis.

- Terminada a leitura, você já pode procurar na tabela a mensagem do café.

Dona Nádia foi numerando as figuras conforme iam aparacendo em suas leituras, veja as que mais se parecem com as encontradas nas suas xícaras e verifique os seus significados nos exemplos a seguir.

1. 	MITRA: honrarias, sucesso, poder; ganhos financeiros significativos estão por vir; cuidado com a soberba; seu orgulho exacerbado pode destruir pessoas que confiam em você.
2. 	NAVIO: viagem com destino incerto, pode ser do mundo material para o mundo espiritual, seja representando o nascimento ou a morte. O navio permite esta viagem da vida para a morte, ou vice-versa, transportando as almas.

3.		ORELHA: boa saúde e novas amizades; seja paciente com aquele familiar ou amigo que precisa falar do passado o tempo todo, às vezes, ele só tem você para ouvi-lo.
4.		PENA: desejos satisfeitos. É também uma espécie de oráculo; quando estiver se sentido perdido, estabeleça direções e sopre uma pena no ar, ela vai indicar a direção e o caminho correto.
5.		PAPAGAIO: com um significado ambíguo, pode ser tanto uma má notícia como algo grave que está por ocorrer. Um parente idoso espera sua visita.
6.		POMBA: tudo se resolverá na primavera.
7.		CETRO: se você for responsável terá sucesso, mas não queira controlar tudo. Antes de conquistar seu lugar, adversários difíceis podem aparecer no seu caminho; acredite na sua sorte.
8.		ROSTO: autoconhecimento, coragem para enfrentar seus problemas. Sua mãe pode lhe ajudar a resolver uma situação difícil.

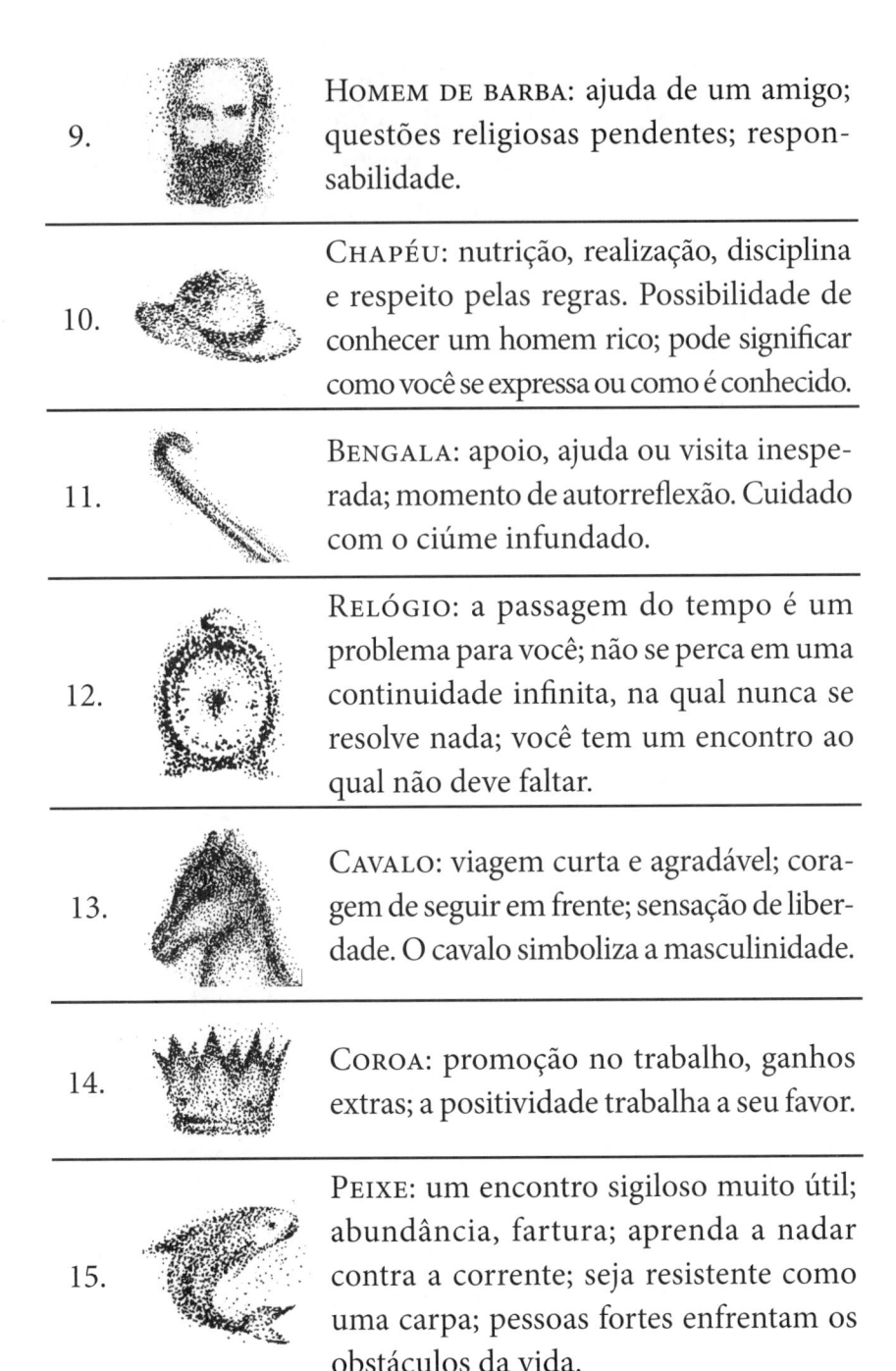

9.		HOMEM DE BARBA: ajuda de um amigo; questões religiosas pendentes; responsabilidade.
10.		CHAPÉU: nutrição, realização, disciplina e respeito pelas regras. Possibilidade de conhecer um homem rico; pode significar como você se expressa ou como é conhecido.
11.		BENGALA: apoio, ajuda ou visita inesperada; momento de autorreflexão. Cuidado com o ciúme infundado.
12.		RELÓGIO: a passagem do tempo é um problema para você; não se perca em uma continuidade infinita, na qual nunca se resolve nada; você tem um encontro ao qual não deve faltar.
13.		CAVALO: viagem curta e agradável; coragem de seguir em frente; sensação de liberdade. O cavalo simboliza a masculinidade.
14.		COROA: promoção no trabalho, ganhos extras; a positividade trabalha a seu favor.
15.		PEIXE: um encontro sigiloso muito útil; abundância, fartura; aprenda a nadar contra a corrente; seja resistente como uma carpa; pessoas fortes enfrentam os obstáculos da vida.

16.		Perfil: alguém deseja estar com você ardentemente; pare de contornar as coisas; as respostas só serão objetivas se você as encarar de frente.
17.		Árvore: símbolo do conhecimento e da perpétua evolução, representa a ascensão; um projeto iniciado que se realiza; sorte; boa saúde.
18.		Maçã: não deixe escapar a ocasião; sinta liberdade em suas ações; a magia deve ser considerada com opção. Paz, conhecimento, imortalidade e juventude representam esse símbolo.
19.		Letra Z: é a letra do destino, da criatividade e da energia. Uma mensagem do norte poderá chegar em breve.
20.		Círculos com pontos: sucesso no amor; vários círculos iguais, representam o caminho para a perfeição, pois cada círculo é símbolo de uma fase e a passagem de uma fase para a outra indica a progressão.
21.		Bailarina: uma mulher vai ajudar você; momentos de suavidade e leveza. Possível realização de desejos sufocado; esperança de conseguir algo que parecia inatingível.
22.		Dois anéis: lealdade; sinceridade; casamento na família; relacionamento estável.

23.	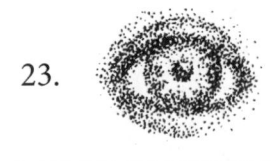	OLHO: iluminaçao; conhecimento; compreensão; entendimento. Cuidado com a maneira como você enxerga o mundo à sua volta.
24.		SEXO MASCULINO: poder; empoderamento pessoal; proteção. Uma grande vitória está por vir. Fique atento a um desejo oculto.
25.	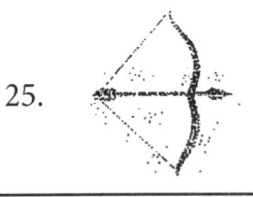	ARCO E FLECHA: representa o amor profano ou um amor a ser conquistado; grandes batalhas e destino certo. Aproveite o momento para tomadas de decisão.
26.	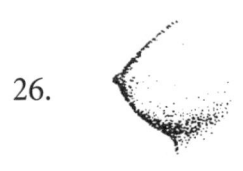	SEIOS DE PERFIL: evoca a sensualidade; é fonte de prazer, afeto e aconchego. Momento bom para tirar umas férias.
27.	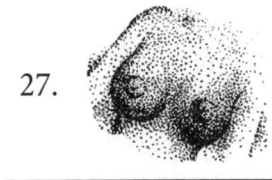	SEIOS DE FRENTE: novo amor numa viagem próxima; símbolo de feminilidade; fonte de vida e alimento.
28.	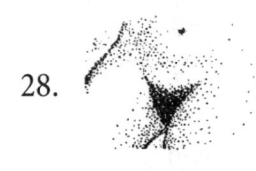	SEXO FEMININO: delicadeza; sensualidade; desejos secretos; a resolução de um problema está próxima. Cuidado com sonhos impossíveis de se realizar.
29.		SEREIA: a pessoa amada está preocupada; perigos e riscos em viagem marítima; não seja insensato, sua emoção está cegando a razão.

30. 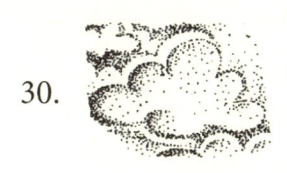	Nuvens: boas notícias de um amigo; nascimento, transformação; desapego. Afaste-se das nebulosidades da vida corrente.
31. 	Cachorro: você foi perdoado; mantenha sempre a fidelidade para com seus amigos.
32. 	Borboleta: viverá uma paixão muito em breve; risco de perda financeira; a família deve vir em primeiro lugar.
33. 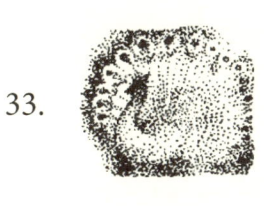	Pavão: notícias tranquilizadoras; representa a realeza, brasões de família podem aparecer. Cuidado com a vaidade, seu esplendor pode lhe causar certos problemas, as chamadas "pavonices".
34. 	Pinheiro: cuide mais do seu corpo; energias positivas vem desse símbolo, que está associado à longevidade e à força.
35. 	Mão: sairá vitorioso de uma intriga; mão simboliza a cumplicidade, a saudação; pode representar uma despedida.
36. 	Número 3: interação social, fartura, fertilidade, frutificação. É a trindade, a multiplicidade. Uma mensagem importante do exterior está para chegar.

37.		Letra A: simboliza o chefe de família; fama; êxito; aventuras. É o poder criador; traz ambição, inspiração, autoridade e originalidade. Boa chance para comprar um imóvel.
38.		Garfo: seu cansaço será recompensado; o alimento será garantido.
39.		Fio: receberá uma proposta comercial; guarde as novidades para você até se concretizarem; falar demais atrapalha.
40.		Triângulo: símbolo da manifestação perfeita, esse é um conceito que pode ser observado em todo lugar no mundo manifestado. Aproveite o momento para fazer afirmações positivas.
41.		Dama espanhola: prestígio; fortuna. classe; educação. Uma viagem ao passado pode ajudar a resolver uma questão.
42.		Pente: uma linda surpresa em oito meses; fique atento aos problemas que se escondem em forma de solução, um "pente fino" se fará necessário.
43.		Óculos: pessoa casada apaixonada por você; momento certo para avaliar "enxergar" o comportamento de quem está ao seu lado; só é cego aquele que não quer ver.

44.	ARANHA: obsessão por ser o centro de tudo, como acontece na simbologia da teia que tece. Espere durante sete meses para realizar o projeto que almeja; o momento é de advertência.
45.	ESCRITA: desenvolva sua inteligência; ela vai ser benéfica a você; um contrato ou uma carta importante estão para chegar.
46.	CARACOL: conhecerá uma pessoa interessante; a autoproteção pode ser um problema. Cuidado, algumas pessoas estão se passando por suas amigas, mas não são.
47.	QUADRADO: um amor clandestino pode acontecer; busque sobriedade em suas ações; cuidado com o excesso de conservadorismo, não seja uma pessoa "quadrada".
48.	MONTANHAS: manifestação do sagrado; montanhas faz recordar a ideia de escada do Céu, de paraíso terrestre, de lugar de busca de Deus; mude seus hábitos; dedique-se mais a religiosidade.
49.	BOI: boa sorte e prosperidade. Um homem gordo fará uma proposta de trabalho; cuidado com brigas, poupe sua energia.
50.	ABELHA: sexualidade; fertilidade; maternidade. Dê mais importância para os trabalhos em grupo.

51.		Estrela: siga sua intuição; alguém que tanto espera pode aparecer; é tempo de bem-aventuranças.
52.		Cúpula: uma pessoa rica pensa em você; cuidado com o estresse, não deixe que os problemas interfiram na sua felicidade.
53.		Castelo: casamento feliz em breve; herança; oportunidade de se lançar no mundo, pare de se esconder.
54.		Cadeira: sua preguiça vai prejudicá-lo; resultados financeiros inesperados virão se você colaborar.
55.		Espiral: alguém sente saudades de você; cuide da sua saúde, poderá sentir vertigens; risco de queda.
56.		Revólver: tenha coragem e decida a situação; evite resolver as coisas com raiva e agressão; seja cauteloso com aquelas pessoas que lhe trazem perigo tanto físico quanto emocional.
57.	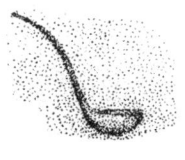	Concha: receberá ajuda familiar; procure enfrentar a timidez e o medo de falar em público.

58.	**COLHER DE PEDREIRO**: progresso; aumento patrimonial; sucesso a médio e longo prazo. Trabalho, dedicação e comprometimento permitirão que você colha os frutos do seu esforço. Traição de um amigo; pense mais em você.
59.	**BALANÇA**: justiça, direito, equilíbrio, prudência e comportamento correto representam esse símbolo. Atenção para doença sem gravidade; a justiça vai prevalecer.
60.	**ESCORPIÃO**: cuidado com pessoas de má vontade; o inimigo nem sempre é declarado. O simbolismo do escorpião está carregado de significados sombrios e de valores de destruição e da criação, da condenação e da redenção, da morte e do renascimento.
61.	**PONTE SOBRE UMA ESTRADA**: um novo amante; uma ocasião aproxima você do sucesso; ligação, superação, transposição.
62.	**NOTA MUSICAL**: aprendizagem; harmonia; disciplina; sensibilidade. O momento é de alegria entre amigos, mas não faça aquilo que não tem vontade. Harmozize-se.
63.	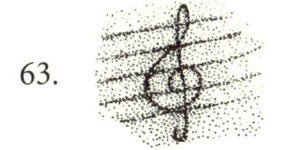 Clave de sol: encontro com a pessoa amada; sucesso na realização de seus projetos.

64.	FLOR: espiritualidade; perfeição; felicidade; amor. Você será homenageado. Um pedido de desculpas pode resolver muita coisa.
65.	SOL: paz de espírito; sucesso; fartura. Você terá motivo para ser feliz. Momento de investir em algo lucrativo.
66.	FERRADURA: fortuna imprevista após uma viagem; sorte; prosperidade. Você conhecerá pessoas importantes.
67.	TROMBA DE ELEFANTE: sucesso; fartura; lealdade; sorte em todos os sentidos. O momento é de modificação em sua vida, muitos presentes virão. Seja prudente.
68.	TAÇA: não falte a um compromisso. A taça é um reservatório de vida, representa abundância, espiritualidade, um tesouro da vida espiritual; é o símbolo de uma força secreta.
69.	GATO: não entre em relação com desconhecidos; traição anunciada, você que não quer ver. Misticismo em alta; aproveite o momento para uma fusão entre o espiritual e o físico.
70.	VASO: representa conhecimento infinito e espiritual; pode conter segredos escondidos; fique atento, você receberá uma proposta; não aceite.

71.		GARFO DE DOIS DENTES: inveja à sua volta; evite contar seus planos antes de concluí-lo; uma indecisão pode levá-lo a ficar sem as duas coisas.
72.		MURALHA: não seja fechado; as barreiras podem atrasar o processo, mas a persistência prevalecerá e dará bons resultados.
73.		CIPRESTE: fim de uma etapa; fechamento de um ciclo; mudança de emprego ou de um relacionamento. O rancor e a prepotência não solucionam as coisas.
74.		ARRANHA-CÉU: proveitos financeiros; possibilidades de crescimento, mas há risco de perder dinheiro. Vida longa e preenchida.
75.		CHALEIRA: muito trabalho pela frente, mas seu esforço será recompensado. Cuidado com um casamento errado, os ânimos estão quentes.
76.		CORUJA: problemas no amor; inquietação; mas muita sabedoria.
77.		DRAGÃO: boas oportunidades aparecerão; seu sucesso depende de muita proteção. Vícios podem ser um risco, fique atento.

78.		FOICE: você vai colher o que semeou; os inimigos estão aguardando para atacar; cuidado com atitudes extremas na política; corte ou renove tudo aquilo que está atrapalhando seus planos.
79.		TORQUÊS: necessidade de arrancar abruptamente algum sentimento; o momento não é favorável para tomar decisões; não assine nada.
80.		MARTELO: confie na pessoa amada; as dificuldades serão resolvidas pela sua insistência; se algo der errado, arranque e coloque novamente da maneira correta.
81.		BIGORNA: resista às tentações do momento; bons resultados virão de muito trabalho. Cuidado para não deixar oportunidades promissoras passarem.
82.		GRADE: faça uma viagem longa; livre-se do que o aprisiona; existe toda uma vida lá fora, aproveite o momento; cuidado com relacionamentos abusivos.
83.		DIABO: não dê ouvidos a murmúrios; o mal que você faz retorna para você mesmo; uma vida desregrada pode ser prejudicial.
84.		SETA: cuidado com as atitudes superficiais. Uma pessoa certeira, que consegue correr atrás dos seus objetivos até alcançar a meta sem medo, se aproxima de você.

85.		ESCADA: seus desejos sexuais se realizarão; projetos inacabados por interferência de alguém que deseja chegar onde você chegou.
86.		FIGURA INDEFINIDA: não viva do passado, isso só atrapalha e traz confusão; procure se organizar melhor.
87.		LUA CRESCENTE: seja mais romântico. A Lua crescente representa o crescimento, a renovação da vida.
88.		SÍMBOLO DO INFINITO: algo que não tem limites ou fim; representa eternidade, divindade, evolução, amor e equilíbrio entre o físico e o espiritual; cuide de sua alimentação.
89.		CORAÇÃO: paixão violenta muda tudo na sua vida.
90.		PÁSSARO VOANDO: liberte-se; por possuírem asas e o poder de voar, em muitas culturas os pássaros são considerados mensageiros entre o Céu e a Terra. Busque esse elo dentro da espiritualidade. Sua vida será conduzida de maneira leve e feliz.
91.		COGUMELO: tome cuidado com o que você diz; sucesso financeiro e social.

92.		NÚMERO 5: símbolo do meio, do centro, da harmonia. É o equilíbrio, a união. Uma pessoa livre e disciplinada pode aparecer na sua vida. Seja mais honesto.
93.	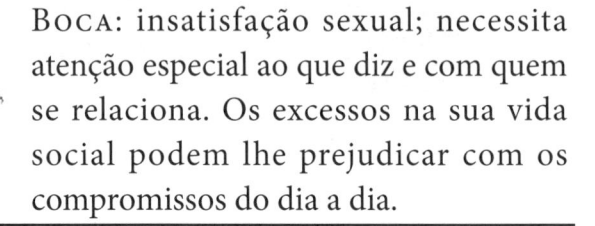	BOCA: insatisfação sexual; necessita atenção especial ao que diz e com quem se relaciona. Os excessos na sua vida social podem lhe prejudicar com os compromissos do dia a dia.
94.		TREM: chegadas e partidas são necessárias ao longo da vida; a pessoa que chega é importante, a que parte já encerrou seu ciclo.
95.		PÉ: momento bom para viagens, longas ou curtas, de negócios ou de turismo. Cuidado com escândalos. Tente controlar o ciúme.
96.	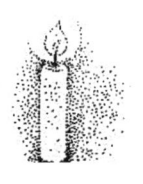	CAMA: uma aventura sexual inconsequente; sonhos; necessidade de descanso. Um problema que tem feito você perder o sono vai ser solucionado em breve.
97.		VELA: vida; orientação espiritual; paz; iluminação. A vela pode representar uma passagem, morte ou transformação de alguma situação. O fim de um relacionamento pode estar próximo.

98.  IGREJA: seu orgulho afastará o amor; um resgate de sua religiosidade precisa ser feito; se apegue mais as coisas de Deus.

99.  GARRAS: obstáculos à sua volta; falsa ilusão; neurose; erotismo sedutor, mas perturbador; sensação de apego a algo ou alguém.

100.  LETRA W: criatividade; versatilidade; excesso de sensibilidade. Você adora receber um elogio, mas cuidado com a depresão pela falta deles. Um casamento com alguém de fora pode acontecer.

101.  ESPADA: tente ser mais agressivo; a espiritualidade está sendo testada; confrontos são necessários.

102.  CRUZ: espiritualidade, perdão, amor, fidelidade, fraternidade. Aprenda a ser generoso, as pessoas precisam de você.

103.  MACACO: bom momento para aplicar dinheiro. Macaco simboliza inteligência, presteza, comicidade, travessura. Momento propício para resolver problemas com leveza e bom humor.

104.	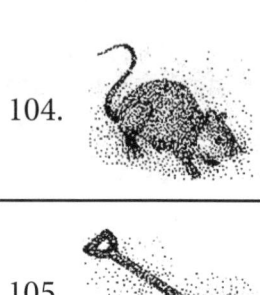	RATO: símbolo de fertilidade; cuidado com gravidez indesejada; não se envolva em fofocas.
105.		PÁ: jogue fora hábitos negativos antigos. Cuidado com escândalos. Uma gravidez pode estar próxima.
106.		CORRENTE: você está preso a preconceitos; mas sabe como se livrar disso. Não deixe as marcas deixadas por correntes pesadas demais de seu passado atrapalharem seu presente e futuro.
107.	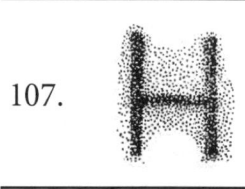	LETRA H: dinheiro; bom posicionamento social; facilidade em resolver os problemas. Não engane a si mesmo, você é capaz; procure não se isolar tanto.
108.	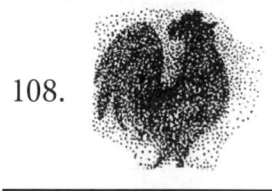	GALO: evite uma viagem; a autoridade sem embasamento pode cair no ridículo; cuide do seu terreno.
109.		RÃ: facilidade em atrair amigos; simpatia; confiança das pessoas. Desencontros amorosos chegam ao fim. Cuidado ao ser sincero demais.
110.		NÓ: a pessoa amada se renderá; um trabalho novo pode aparecer; cuidado para não prender ninguém à sua vida contra a vontade da pessoa.

111.  **Sapato de mulher**: beleza; cuidados com si mesmo; sensualidade. Cuidado com a prostituição.

112.  **Vassoura**: mentalize coisas boas e limpe tudo que desagrada em sua vida. Cuidado em se expor demais, seu comportamento pode escandalizar.

113. 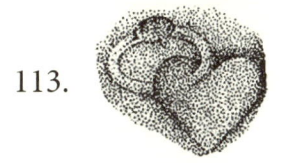 **Coração e anel**: analise seus sentimentos, você pode estar confundindo as coisas. Problemas no casamento.

114.  **Funil**: sua felicidade está garantida; observe o caminho a seguir.

115.  **Chave**: você encontrará a atitude certa; deixe as portas se abrirem naturalmente. A chave representa a entrada no paraíso, no Reino dos Céus. Reveja as portas que você quer abrir.

116.  **Avião**: seu erotismo é perigoso; fique atento a viagens de última hora. Fique tranquilo para lutar pelos seus objetivos, o apoio de sua família está garantido.

117.  **Janela**: o cinismo não soluciona nada; não seja indiscreto; uma nova chance se apresenta; não desanime.

118.	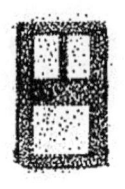	PORTA: novos caminhos; proteção; não se feche para o mundo; tudo começará a sorrir para você. Não sofra com as oportunidades que lhe são negadas.
119.	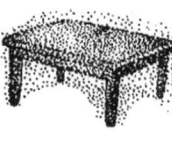	MESA: seja mais claro e justo; o momento pode ser decisivo, coloque as cartas na mesa. Uma mesa farta é fruto de um bom trabalho.
120.	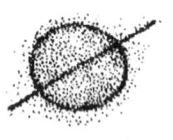	CÍRCULO CORTADO: fim de um problema. Você pode se sentir preso por uma situação ou sente necessidade de se proteger de alguma pessoa ou circunstância.
121.		MORCEGO: paixão que consome; a vida noturna pede atenção; mudanças estão prestes a acontecer.
122.	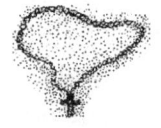	TERÇO: trabalho; finanças; família. Você deve ter mais paciência e saber esperar o momento certo. Não renuncie ao prazer.
123.		MÚMIA: dedique algum tempo às crianças; o além vida é algo que lhe incomoda, assim como a vontade de manter a beleza para sempre.
124.	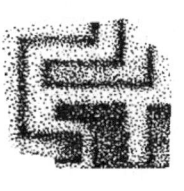	LABIRINTO: alguém inexperiente ama você; existe situação sem saída ou bastante complicada. Labirinto simboliza a confusão do inconsciente, somente quem estiver preparado para a vida pode se reorganizar.

125.		CADEADO: segredos; medo e desejo de liberdade; dificuldade de seguir em frente; mudança de cidade. Não tranque seus sentimentos.
126.		PREGO: o ciúme leva à solidão; suas defesas estão preparadas; fique atento e busque o diálogo para resolver suas desavenças, mesmo que não tenha sido você o culpado.
127.	R	LETRA R: facilidade em resolver os problemas dos outros, deixando os seus de lado. Não seja ingênuo, poderá se arrepender.
128.		ELMO: não leve a sério uma pessoa galante; cuidado com acidentes que envolvam a cabeça, os olhos e os ouvidos; o elmo simboliza proteção.
129.		LAÇO: surge um rival na sua vida; tendência a entrar em ciladas; cuidado com os falsos amigos.
130.	X	LETRA X: uma pessoa talentosa pode entrar na sua vida. Seu entusiamo é contagiante. Paixão por pessoa desconhecida.
131.		VULCÃO: sucesso profissional e financeiro. Cuidado com a compulsão em empreender e investir; afaste-se de pessoas destrutivas.

132. 	CACHIMBO: maré de azar, mas não se preocupe, será somente por um período. Um amor não convencional pode se apresentar. Sua masculinidade está aflorada.
133. 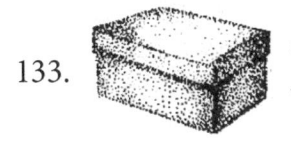	CAIXA: uma pessoa do seu passado vai voltar; não esconda seus sentimentos.
134. 	FOLHA: tristeza por amor não correspondido; prosperidade; vida plena; boas novas.
135. 	CISNE: não imite os outros; aceite a opinião alheia e tente não se mostrar tanto. O cisne simboliza elegância, coragem e nobreza. Música e canto podem trazer bons momentos.
136. 	AMPULHETA: simboliza a contínua passagem do tempo. Seja paciente, mas não se demore. Desejo de voltar às próprias origens.
137. 	PIMENTA: procure o conselho de um amigo; amuletos de sorte contra energias negativas; afasta os maus espíritos, o mau olhado e a inveja. Simboliza a proteção e a prosperidade. Fique alerta às energias muito carregada, a pimenteira pode absorver o "olho gordo" e não deixar passar as más energias.

138.	Ovos: o ovo simbolizava o mistério da vida; vários ovos juntos podem significar um trabalho social coletivo importante. Como símbolo da ressureição, você pode aproveitar o momento para se reinventar; descubra quem está traindo você.
139.	Raios: o raio gera e destrói ao mesmo tempo; cuidado com a ambiguidade, seu comportamento não é correto. Guarde toda essa energia para os momentos criativos.
140.	Margarida: amor e dinheiro no próximo ano; o momento é de paz, aproveite para reorganizar as questões que estavam pendentes.
141.	Garrafa: há amores que viciam como drogas; baixa afetividade; codependência; cuide de seus pertences.
142.	Banana: fartura; fertilidade; boa saúde; felicidade e bons tempos. Declare seu amor à pessoa amada; atenção à sexualidade.
143. 	Lâmpada: desenvolva seu lado extrassensorial; as grandes ideias começam num estalo de luz; aproveite os momentos de inspiração.

Dona Sila

Dona Sila, de origem turca, chegou ao Brasil com seus avós no ano de 1937, aos 5 anos de idade. Casou-se muito cedo, aos 17 anos, com seu primo de origem turca, mantendo as tradições e os costumes da família. Tiveram uma única filha, Zara, que não quis ficar trabalhando no comércio que tinham e preferiu ser médica, recebendo de sua família todos os recursos para que realizasse seu sonho de ser pediatra.

Hoje, Dona Sila lembra que trabalhou no comércio de tecidos na Rua 25 de março, com seus avós e seu marido, vendendo tecidos e aviamentos. Com o falecimento de seus avós passou a cuidar da loja e de sua família, enquanto seu marido cuidava de outra loja, também de tecidos.

Ela conta que sua avó lhe ensinou muitas coisas de sua cultura e de sua tradição, mas lamenta por observar que sua única filha, e suas três netas, não estão praticando os ensinamentos que herdou. Ela diz:

> Aqui no Brasil a vida é muito diferente do país em que nasci. Hoje me sinto brasileira, mas sinto por não poder transmitir a cultura que meus avós me transmitiram, para minhas netas.

Ela relata, também, que a Leitura da Borra de Café para os turcos faz parte das tradições do dia a dia, e que são repassadas de pais para filhos e netos, e reclama:

> Não sei o que está acontece aqui, estamos deixando de lado muitos dos nossos costumes de família, como se tivéssemos vergonha de nossas origens.

Vendo meu interesse em conhecer um pouco dessa tradição, a senhora se propôs a mostrar como é essa técnica de Borra de Café na cultura dela:

A cafeomancia em minha vida é uma prática muito usada para adivinhar o futuro. Nunca deixei de praticá-la, mas confesso, exige muita concentração e sensibilidade para perceber com clareza a figura surgida e decifrá-la.

Vamos ver como Dona Sila faz sua leitura passo a passo.

Material utilizado na Leitura da Borra de Café:

- Pó de café fino.
- Açúcar.
- Uma xícara toda branca.
- Um pires branco.
- Uma colher de sopa.

Preparo do café:

- Misture, em uma panela, uma colher de sopa de pó de café, uma colher de sopa de açúcar e uma xícara de chá de água.
- Leve ao fogo brando, deixando ferver por três vezes.
- Em seguida, coloque o café numa xícara de louça branca, sem relevo ou desenho, e deixe descansar por alguns minutos.
- Passado esse tempo, beba o café, lentamente, concentrando-se em seu pedido ou na pergunta desejada.
- Quando terminar de beber, coloque o pires sobre a xícara, como se fosse uma tampa, e vire-o num movimento rápido.
- Deixe descansar por mais alguns minutos. A xícara estará então, pronta para a leitura, que deve ser feita sempre no sentido horário, ou seja, da esquerda para a direita.

Observações importantes:

Observe com bastante atenção as figuras que se formam na parede da xícara.

- Se aparecerem figuras verticais, como colunas, atravessando a altura da xícara, considerem as marcas como símbolos do tempo, correspondendo a um mês cada uma delas.

- Olhando atentamente e utilizando sua imaginação, veja com que se parecem as figuras formadas com as borras de café e anote-as.

- Quando terminar a leitura da parede da xícara, leia também seu fundo, anotando novamente as figuras que encontrar.

- Neste processo de iniciação à arte da Borra de Café, procure usar sua imaginação de maneira criativa para visualizar as imagens formadas na parede e no fundo da xícara.

- Para uma boa interpretação é necessário observar o aspecto geral da borra sobre a borda; quanto mais espessa (grossa) ficar, significa que o consulente está bloqueando a energia.

- Faça um intervalo entre uma e outra borra.

- Quando sair muito "fraco" os traços ou com várias ramificações significa que o consulente precisa focar melhor seus objetivos, muitas ramificações significam excesso mental, estresse.

- Observe sempre os desenhos que acompanham o conjunto. Por exemplo: cachorro significa fidelidade ou representa amizade, mas outro desenho próximo a ele, como uma serpente ou uma cruz, por exemplo, pode mudar esse significado.

- Traços fortes e bem definidos significam que o consulente está seguro no momento e em relação aos seus objetivos.

- Observe a xícara de um modo geral e tente perceber que elemento está formado.
- Note se a xícara está pesada ou leve, se o conjunto dos desenhos tem movimento, água, ar ou terra, você poderá, desta maneira, complementar os significados dos desenhos.

Respeite o oráculo

A Leitura da Borra de Café é um excelente método para desenvolver a intuição, facilitando a comunicação espiritual. É também um excelente exercício para desenvolver sua percepção espiritual à medida que se tenta desvendar os significados dos símbolos. Para tanto, é importante preparar o ambiente a cada atendimento, até mesmo se você for ler em benefício próprio. Limpe o local, acenda um incenso ou um aromatizador, faça alguma oração de seu agrado.

Não é aconselhável fazer a leitura quando está angustiado ou muito ansioso. Observe-se e faça quando estiver tranquilo; o resultado da leitura depende muito do seu estado de espírito, e a pessoa que vai solicitar a consulta merece nada menos que o seu melhor. Os elementais gostam de brincar com os resultados das consultas, portanto, esteja sempre bem, ou os desenhos podem sair de forma estranha.

Se por acaso a xícara mostrar apenas uma visão indistinta, confusa visualmente, considere o momento como disperso (mental), ou que o ambiente ou a pessoa estão carregados.

Concentre-se e faça outra leitura. Caso não obtiver respostas, melhor deixar para o outro dia.

Dona Lakma

Lakma, chegou no Brasil aos 2 anos de idade, em 1941, vinda da Turquia, com seus pais. Eles se estabeleceram no Bairro de Santo Amaro, em São Paulo. Aos 4 anos de idade, ela ficou órfão de pai e mãe, vítimas de um acidente de bonde, na avenida Santo Amaro. Desde então foi criada pelos tios maternos. Sua tia lhe ensinou hábitos e costumes do seu povo, que era de origem turca.

Quando completou 20 anos de idade, casou-se com um engenheiro brasileiro que fora trabalhar no Oriente Médio, na exploração de poços de petróleo. Com 30 anos pôde visitar seus primos e tios paternos e maternos, que viviam na capital Ancara, na Turquia. Aos 40 anos ficou viúva e nunca mais pôde viajar para ver seus parentes.

Foi pela Leitura da Borra de Café que ficou sabendo que ficaria viúva logo, mas que receberia muito dinheiro deixado pelo companheiro. Hoje, ela e sua filha, Sema, são as únicas responsáveis pela continuação da tradição da Leitura de Borra de Café de sua família.

A leitura à moda turca

Você vai precisar de uma caçarola especial (*cevze*), que os turcos usam para fazer o café, um pó bem moído (peça para moer o café o mais fino possível, tão fino como o açúcar de confeiteiro), e de algumas xícaras de café.

Vamos supor que você queira fazer quatro xícaras de café turco, tomando como medida a colher de café, coloque para cada xícara duas colheres cheias de pó na caçarola. Ou seja, para um total de quatro xícaras adicionaremos oito colheres de café.

Para cada xícara de café é necessário colocar uma de água. Portanto, adicione quatro xícaras de água fria à caçarola.

Se você pedir um café turco, na Turquia, a primeira coisa que o garçom vai lhe perguntar é se você quer seu café *sade* (sem açúcar), *az sekerli* (com pouco açúcar) ou *sekerli* (com açúcar).

No caso do preparo para a leitura no Brasil, adicione na caçarola a quantidade de açúcar necessária para adoçar o seu café, conforme o gosto de quem vai consumir a bebida.

Após adicionar a água, o pó de café e o açúcar (conforme determinado), agora é só você levar ao fogo e ir mexendo até o café começar a ferver.

Depois da primeira fervura, retire a caçarola do fogo, mecha e depois retorne para que ferva uma segunda vez. Cuidado que, como o leite, o café pode derramar e sujar o seu fogão. Lembrando que o bom café turco é aquele que forma uma espuma sobre a bebida.

Em seguida, divida o café entre as quatro xícaras e sirva. Como o café turco contém o pó (sem coar), você deve saborear a bebida bem devagar, apreciando o sabor e dando um tempo para que o café se assente no fundo da xícara. Assim não vai consumir o pó, apenas a bebida.

Os brasileiros sempre me perguntam: "até onde devo beber o café?". A bebida deve ser consumida até quando começar a sentir a borra do café na sua boca. Como o pó do café é mais pesado, ele tenderá a decantar e ficar no fundo da xícara. Assim que a pessoa termina de beber o café, inicia-se o processo de Leitura.

Leitura na borra da xícara do café turco

Como vimos, a Leitura da Borra do Café derivou-se da Leitura da Xícara de Chá, que era praticada pelos chineses. Mais tarde, no mundo árabe, a Leitura da Borra de Café se espalhou e permanece até os dias atuais.

IMPORTANTE: todo o procedimento deve ser feito pelo próprio consulente:

- Após beber o café, o consulente deve retirar o pires que está debaixo da xícara e colocá-lo sobre ela.
- Depois deve fazer dois ou três pequenos movimentos circulares com a xícara e o pires para que a borra se movimente também.
- Finalizado os movimentos, a pessoa deve girar a xícara de tal modo que ela descanse no pires.
- Algumas pessoas dizem que colocando uma moeda sobre a xícara trará dinheiro a quem quer ler a borra. Portanto, se assim o desejar, coloque uma moeda sobre a xícara e perceba que ela vai absorver o calor do recipiente.
- Espere até que a xícara esfrie. Se você a virar antes de esfriar, os desenhos da Borra de Café não ficarão formados e vão escorrer pela xícara. Tenha paciência e espere.
- A pessoa que vai fazer a leitura deve "abrir" a xícara, o que em turco significa retirá-la do pires e começar a leitura.
- Caso a xícara "grude" um pouco no pires, isso significa boa sorte e fortuna!

Iniciando a leitura

Para uma boa leitura alguns cuidados deverão ser tomados. Antes de começar a consulta, o ambiente deve ser purificado com um copo de água e sal sobre a mesa na qual o processo será efetuado. Uma xícara de água, uma colher de pó de café e uma de açúcar são os elementos necessários para preparar a bebida. A água deve ser fervida com todos os ingredientes e depois deve descansar por alguns minutos. Uma nova fervida deve ser feita antes de servir o café. Existe a preferência por xícaras de porcelana com a boca mais larga que o fundo, pois isso facilitará a leitura. Não é recomendado coar demais o café, pois uma boa quantidade de pó é necessária para formar as figuras com sua borra.

O fundo da xícara significa o seu coração ou sua casa. Assim, se a borra está toda no fundo da xícara seu coração está pesado ou você está com alguns problemas em sua casa. Caso o fundo esteja claro significa o oposto, tudo tranquilo e limpo.

Depois que você acabou de fazer a leitura, pegue a xícara e derrame sobre o pires; novas imagens e desenhos serão formados e devem ser interpretados.

Símbolos usados por Dona Lakma em suas leituras

Animais: representam o comportamento.

ÁGUIA – Desejos fortes; excelente concentração mental; necessidade de ampliar conhecimento; sinal de grande proteção espiritual; visão aguçada.

ARANHA – Sorte; inteligência; sabedoria. Cuidado com a aparência enganadora de pessoas próximas. Confusão, o período é de dificuldade e de concentração.

BEIJA-FLOR – Grandes emoções a caminho; um novo amor; prazeres sociais; tome cuidado com o que fala.

BOI – Período de muito trabalho; compensações após sacrifício; fuja de brigas inúteis. Você está em um ótimo momento para conhecer novas pessoas.

BORBOLETA – Alegrias causadas por pequenas mudanças; amores, flertes; alegria nos relacionamentos; o dinheiro pode passar rapidamente por suas mãos; sua família pede atenção.

CACHORRO – Amizades sólidas; pessoa fiel, carinhosa e companheira; conquistas profissionais e vida pessoal resolvida.

CANGURU – Ligação forte com a família. Vida afetiva estável e feliz, porém sente vontade de ser independente e de se livrar da proteção da mãe. Ver um canguru carregando um filhote em sua bolsa é certeza de nova oferta de emprego ou ascensão profissional.

CAVALO – Símbolo de virilidade masculina; pode representar um homem, mudanças ou viagens; tenha coragem, mas não se comporte com brutalidade.

COBRA – Doenças, traição, nervosismo, negatividade; cuidados com inimigos próximos e mulheres ardilosas; perdas sem importância podem lhe aborrecer.

CORUJA – Mau pressentimento; avisos, intuição; alerta sobre doença ou morte.

DRAGÃO – Energia, disposição; você vencerá qualquer situação; uma grande paixão se aproxima; sexualidade em alta; cuidado com os vícios, principalmente o álcool; proteja-se.

ELEFANTE – Símbolo de iluminação; representa a família; grande sorte chegando; saúde e boas amizades; cuidado para não querer controlar demais as pessoas.

GALINHA – Cuidado com fofocas; não ligue para mesquinharias; se não tomar um rumo, vai ficar ciscando no mesmo lugar.

GATO – Símbolo do misticismo e dos mistérios ocultos; cuidado com pessoas próximas; use a sua intuição.

GOLFINHOS – Amor correspondido; romance; aproveite a energia, a proteção e a pureza da água; liberdade, transformação, sabedoria e alegria estão rondando você.

LEÃO – Fortaleza; independência; poder e fama; princípio masculino que representa o aspecto terreno do símbolo do rei e do pai; está associado ao orgulho, à combatividade, mas que pode sugerir impulsos agressivos saudáveis. Esse felino, quando aparece nas imagens da borra de café, representa uma natureza voraz, dominadora.

MACACO – Pessoa curiosa, brincalhona ou esperta; não leva nada muito a sério; cuidado com elogios falsos. Dê atenção a sua comunidade, demonstrando compreensão e união. As pessoas confiam em você, faça barulho ao proteger seu território.

MORCEGO – Fase em que deve seguir sua intuição; há um desafio em enfrentar a escuridão, para encontrar o caminho da luz e do bem. Livre-se de pessoas que só querem se aproveitar de você.

PÁSSARO/AVE – Alegrias; comunicação; romance; leveza de espírito; boas notícias. Pássaros são como anjos, uma vez que os anjos possuem asas e podem chegar aos céus; são eles os auxiliares dos deuses, considerados, portanto, símbolos da liberdade divina.

PATO – Alegrias com amigos e familiares; felicidade; não se deixe enganar pelos outros. O pato representa a harmonia matrimonial, a fidelidade, a desenvoltura e a honestidade. Mas cuidado, pelo fato de flutuar, o pato está associado à superficialidade, à tolice e ao engano.

PAVÃO – Hora de exercer a independência; cuidado com a vaidade. O pavão simboliza a eternidade e a imortalidade; no budismo se diz que a capacidade de o pavão comer o veneno das cobras se assemelha à possibilidade de transformar o mal no bem.

PEIXE – Medite para elevar-se espiritualmente; período de muita prosperidade, dinheiro e sorte grande – algum tipo de felicidade.

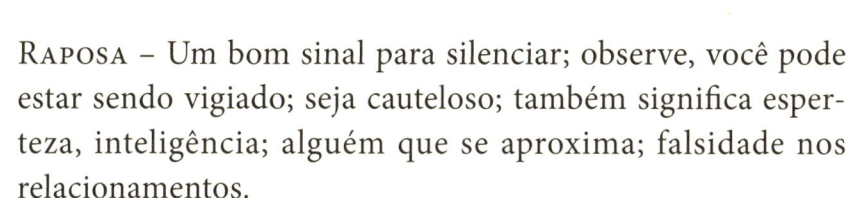

POMBA – Confirmações que chegarão em breve; resoluções para dúvidas antigas; paz.

RAPOSA – Um bom sinal para silenciar; observe, você pode estar sendo vigiado; seja cauteloso; também significa esperteza, inteligência; alguém que se aproxima; falsidade nos relacionamentos.

SAPO – Limpeza energética; cura; sociabilidade e sorte nos negócios; fertilidade, abundância, riqueza, êxito e força.

TOURO – Fortaleza e trabalho duro; hostilidades; teimosia. Procure dominar seus instintos animais. Rebeldia e teimosia não vão levá-lo a lugar nenhum.

URSO – Amigos falsos, nervosismo, cansaço; cuide da sua saúde; período de espera. Ursos graciosos: grandes emoções. Cuidado com o sono em demasia; cuide mais da sua alimentação, procure se alimentar de produtos mais naturais.

Símbolos e objetos: denotam sorte ou azar; representam tipos de acontecimentos.

ALIANÇA/ANEL – Símbolo de união e de eternidade, casamento, noivado ou sociedade duradoura. Um compromisso ou um pacto será firmado em breve por você.

AMPULHETA – Aviso para não perder tempo com detalhes e seguir em frente com seus objetivos; os acontecimentos dependem do fator tempo.

ÂNCORA – Sinal de sucesso e de segurança nos negócios ou no amor.

ANJOS – Personificação da pureza; beleza; juventude; bondade. Você vai receber proteção e assistência espiritual para a realização de seus desejos. Os anjos fazem parte do exército de Deus, o momento é de muita espiritualidade.

ARBUSTO – Dinheiro inesperado; quanto maior o arbusto, mais dinheiro. Como no mito da sarça ardente, não deixe que o fogo consuma seus sonhos e desejos, não olhe diretamente para o problema.

ARCO E FLECHA – Representa a defesa militar por um lado e a conquista do amor por outro. Significa passar de uma condição para outra; mudanças na maneira de pensar e de agir.

ÁRVORE – Realizações a caminho, prosperidade, saúde; fase de reconhecimento e de bons amigos. Cuidado para não esquecer do tempo e descansar demais.

AVIÃO – Viagens; desejo de escapar da rotina e das responsabilidades. Pode haver sucesso no âmbito profissional, desde que você saiba como conduzir situações de risco.

BARCO – Viagens à vista; romantismo; necessidade de isolamento; altos e baixos na vida são normais.

BARRIL – Tempo de celebrações em família; espere o tempo certo para agir. Você terá uma vida tranquila e cheia de amor. Não fique esperando os outros lhe dizerem o que fazer.

BIGORNA – Muito trabalho para alcançar seus ideais; fique atento às tentações. Uma oportunidade vai se apresentar em breve, mas atenção, você pode deixá-la passar.

BOCA – Cuidado com o que fala; procure expressar seus sentimentos com maior clareza; atenção à sexualidade descuidada. Procure não ficar comentando sobre seus objetivos.

BOTA – Denota a presença de um homem que se interessa pelo consulente; pode representar marido ou namorado; dificuldades no caminho, mas com bons resultados.

BRUXAS – Proteção espiritual; limpeza energética contra energias negativas; seus desejos podem se realizar magicamente; atenção redobrada contra mulheres ardilosas.

CAIXÃO – Morte; mudanças; fim de um ciclo; desapego.

CACHIMBO – Ligado a energia masculina; sensualidade; amores sem muita cerimônia; alguém que pensa no consulente; tempo de parar, pensar e ouvir.

CAMA – Desejo subconsciente de repouso e silêncio; os sonhos podem ser o seu meio de fugir das preocupações; cuidado com o que deseja.

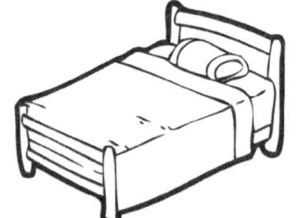

CARROS – Mudança para melhor, tanto no financeiro como no amor; a direção está em suas mãos.

CASA – União à vista; novidades no lar ou no trabalho; projetos novos chegando; um caso de amor de curta duração, mas com muita intensidade; prepare-se para assumir novas e árduas responsabilidades.

CASTELO – Uma herança inesperada poderá lhe surpreender; algo muito importante acontecerá, podendo até ser o casamento dos seus sonhos; aproveite o momento para colocar suas realizações em prática sem medo.

CARTAS – Se forem bem definidas, boas notícias; malformadas, más notícias; pontos próximos, dinheiro; perto de coração, notícias sobre o lado sentimental.

CARTOLA – Ligada ao intelecto; ideias, uso da inteligência; pode representar pessoa muito importante, que ajudará o consulente; cuidado com excesso de galanteio.

CESTO – Quando aparece com flores ou frutas significam prosperidade e fertilidade; se estiver vazio, reduza os gastos; não seja acumulativo.

CHALEIRA – Procure harmonizar as relações familiares; uma chaleira fumegante indica dificuldades e nervosismo; problemas no casamento.

CHAPÉU – O chapéu representa o intelecto; encontro com um homem; alguém do sexo masculino pensa muito na consulente; atenção para avisos importantes.

CHAVE – Soluções rápidas, sucesso, aquisições materiais; portas abertas. A chave é a resposta para todas as situações. Ser confiante é a chave para não ter medo de seguir em frente, mas exagerar na confiança talvez passe uma ideia egocêntrica.

CÍRCULOS – Eternidade, perfeição e divindade; o círculo não tem princípio nem fim; representa a proximidade com Deus, motivo pelo qual é usado em muitas religiões. Reorganize seus objetivos sentimentais; dinheiro à vista.

Cogumelo – Ilusão, desejos infundados, mas se ficar atento terá bons resultados; cuidado com o que sente e com o que pensa.

Coroa – Vitórias; proteção espiritual; desejos realizados; méritos e reconhecimento público.

Coração – Novo relacionamento; amor na vida do consulente; alegrias familiares.

Coração partido – Tristeza; fim de relacionamento.

Coração alado – Grande paixão. Relação íntima com Deus.

Cruz – O período requer paciência, mas é favorável às realizações dos desejos; seja solidário com as pessoas; pode haver sacrifício antes da vitória; momentos importantes e decisivos.

Crianças – Alegria, suavidade, liberdade; comportamento infantil; pode representar nascimentos.

Dados – Sorte; dinheiro inesperado; litígio; justiça; tenha mais equilíbrio com as emoções e cuide da sua saúde.

Dama antiga – Sensualidade, sexualidade; menopausa.

DEUSES/DEUSAS – Sinaliza as proteções espirituais ligadas ao consulente.

EDIFÍCIO – A ambição trazendo mudanças de comportamentos; pode haver perdas; controle seus impulsos.

ESPADA – Poder espiritual; vitória financeira com a justiça; desentendimento e rupturas podem acontecer; inimigos estão esperando para realizar um embate.

ESTRADA/RUA – Novos caminhos; novidades; surpresas; fique atento aos caminhos que resolveu seguir.

ESTRELA – O sucesso está em seu ponto culminante; aproveite o momento de proteção e sorte; fique atento aos sinais, há muitas coisas boas acontecendo ao seu redor.

ESTRELA CADENTE – Dê atenção aos assuntos pendentes; momento favorável a soluções rápidas.

ESTRELA GRANDE – Sorte grande.

FACAS – Símbolo desfavorável, cuidado com a saúde, não faça negócios sem orientação; vulnerabilidade e desentendimentos familiares e amorosos; intrigas; brigas, problemas com papéis. Cuidado.

FACA DE DOIS GUMES – Desentendimento; dualidade; dúvidas recorrentes; cortes na vida pessoal.

FERRADURA – Sorte favorecida, bons negócios, dinheiro inesperado; energia positiva; proteção.

FLECHA – Persista em seus objetivos iniciais; força de vontade, ação e disposição é o que precisa para resolver seus desafios.

FLORES – Comemorações, alegrias, solenidades. Flores favorecem os novos relacionamentos, casamentos ou noivados. Simboliza a beleza, o amor, a fertilidade.

FOICE / MACHADO – Inimigos no trabalho; morte; renovação; momento de escolher o que cortar da sua vida; cuidado com extremismo político.

FRUTA – símbolo afortunado; remete a fartura; requer atenção especial à provisão da família; momento bom para realização de projetos.

GNOMOS – Não leve a vida tão a sério; brinque, relaxe um pouco; curta a natureza; proteção, fertilidade e sorte vão lhe beneficiar; cuidado com a instabilidade e oscilações de humor.

ÍNDIO – Proteção espiritual pode estar relacionada com a cura em algum setor de sua vida; limpeza espiritual.

INICIAIS – Refere-se a letra do nome de uma pessoa que conhece ou conhecerá e que tem ou terá influência em sua vida.

LÂMPADA / LAMPARINAS – Iluminação; grandes ideias; inspiração para o consulente resolver questões estagnadas.

LAÇO / CORDA – Falsas amizades podem lhe colocar em momentos difíceis.

LEQUE – Sociabilidade e sensualidade em alta; pense em um meio de sair detrás de seus problemas; dê atenção especial às vias respiratórias; não use um escudo para suas dificuldades.

LETRAS – Falta de tempo para os estudos; se atualize na área profissional. Uma mensagem chegará em breve.

LÍRIOS – Paz de espírito; período de tranquilidade; símbolo relacionado à sexualidade e ao erotismo; é a flor do amor, ambígua, podendo retratar tanto o amor impossível quanto o reprimido ou sublimado.

LUA – Valorize o que tem, siga sua intuição; conexão e fase de grande força espiritual; sorte; símbolo indicador de honrarias; possível viagem ou mudança.

MÃO – Calúnias ou brigas iminentes; pode significar que alguém lhe pedirá auxílio; cuidado com julgamentos, não "lave as mãos" sem ter certeza do que aconteceu.

MACHADO – Dificuldades; evite discussões; vontade de cuidar, de proteger seus entes queridos; força, atitude; provisão.

MARGARIDA – Amor e felicidade à frente; prosperidade financeira; uma pessoa muito bondosa oferecerá uma ajuda.

MARTELO – Símbolo de perseverança e de força; conclusão de algo que estava pendente há tempos; masculinidade; resistência. Momento crucial; a justiça finalmente chegará.

MÁSCARAS – Um aviso para guardar seus pensamentos e sentimentos íntimos; guarde segredo. Rituais, procissões, festas alegres podem estar por vir.

MONTES – Desafios; missão a ser cumprida; força de vontade em vencer. Reformule seus objetivos; período de dificuldade.

NUVENS – Seja prático, não sonhe demais; dificuldade de concentração; dúvidas. Momento de se transformar, renuncie ao que não agrega, eleve-se espiritualmente.

OLHO – Proteção espiritual; você está sendo observado.

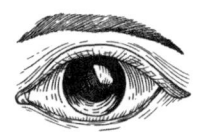

OVOS – Contato com crianças; nascimento; fertilidade; regeneração; boas novas. O momento é de crescimento; aproveite para dar vida a projetos antigos.

PÁ – Trabalho penoso com recompensas materiais. Seja persistente; dificuldades afetivas e materiais podem fazer você desitir.

PENTE – Surpresas que o favorecerão; alegrias; felicidade duradoura; há um ditado que diz que "careca não gasta pente", cuidado com pessoas escorregadias.

PÉS – Sucesso mediante seus esforços; pode significar arrependimento; pode representar purificação e limpeza das más escolhas ou dos maus caminhos por onde tenha passado.

PINHEIRO – Saúde, força, vigor, vida longa e imortalidade, ou, no caso do gênero masculino, virilidade.

PIRÂMIDE – Muita sorte; grande potencial de desenvolvimento espiritual. Pessoas espiritualizadas são representadas com a base virada para o céu; cuidado com triângulos amorosos.

PONTE – Passagem de um estágio para outro, tanto físico como também no sentido espiritual; iniciação; o consulente livrando-se de lembranças desagradáveis.

PUNHAL – Perdas, cuidado com assinaturas de documentos; habilidade de superação e adaptação; uma união duradoura está para acontecer.

QUADRADO – Bom momento nos negócios; procure repousar mais; a passividade pode ser uma grande aliada. Quadrado pode representar uma estrutura sólida; estabilidade.

RAIO – Seja mais enérgico consigo mesmo. O momento é de transformação; aproveite a força energética do raio, associada ao seu aspecto benéfico, para colocar em prática os seus projetos.

REVÓLVER – Cuidado, fique alerta; sinal de imprevistos ou acidentes domésticos. Você quer ter poder sobre todas as coisas, mesmo que precise coagir para isso.

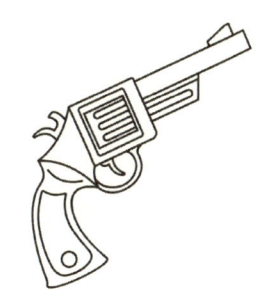

Rosto de mulher – Amiga ou um familiar feminino pensando em você. A feminilidade está em alta; favorável para momentos de luxo, ou para trabalhar com moda.

Rosto de homem – Amigo ou um familiar masculino pensando em você. Cuidado com agressões, ambição exagerada e competição desleal.

Sapato de mulher – Sensualidade; uma mulher importante na vida do consulente.

Sapato de homem – Um parceiro (namorado) ou um homem importante.

Sol – Realizações; boa fase; sucesso em todos os níveis. O nascer do Sol simboliza a esperança, o novo, o nascimento, a alegria e a juventude.

Tesoura – Aberta, terá sucesso; fechada, a situação é desfavorável.

Taça – Comemoração; vitória em todos os sentidos; merecimentos trazidos pela espiritualidade. Sua casa terá muita fartura, aproveite o momento para ajudar a quem precisa.

Vaso – Boa sorte; paz de espírito; siga sua intuição; cuidado com a revelação de segredos confiados a você. Quanto mais idade se tem, mais e melhores experiências são adquiridas; aproveite, o momento é de conhecimento.

VELHINHA – Proteção de pessoas mais velhas; escute os conselhos dos mais sábios; momento de sabedoria e de proteção. A sabedoria ancestral pode ser a resposta que tanto procura.

VELA – Acesa: bom sinal, representa a transmutação de nossas orações ou intenções; preste mais atenção à espiritualidade. Apagada: notícias tristes, pode estar faltando luz em sua vida.

XÍCARA – Símbolo de fartura; novas amizades que proporcionarão alegrias; bons tempos se aproximam. Xícara quebrada, tenha calma, evite confrontos com colegas de trabalho.

TRAÇOS – Um ao lado do outro, cada um desses traços significa uma pessoa; assim, quatro traços lado a lado significa uma reunião de quatro pessoas.

Dona Fátima

Nascida em Riad, capital da Arábia Saudita, Fátima veio para o Brasil aos 10 anos de idade. Hoje, já na casa dos 80 anos, mãe de oito filhas e de dois filhos, ela ainda pratica o que aprendeu com a avó e com as tias maternas.

Diferente do que muitos acreditam, a Leitura da Borra de Café não é complicada.

Ela exige muita concentração e sensibilidade para perceber, para entender a figura que surge. O mais importante é associar a imagem à intuição.

De acordo com o que aprendeu sobre cafeomancia, Dona Fátima diz tomar alguns cuidados antes de começar a consulta.

É importante que o ambiente seja purificado com um copo de água com sal sobre a mesa na qual o processo será efetuado. Uma xícara de água, uma colher de pó de café e uma de açúcar são os elementos necessários para preparar o café. A água deve ser fervida com todos os ingredientes e depois deve descansar por alguns minutos. Uma nova fervida deve ser feita antes de servir o café.

Ela diz ainda que prefere xícaras de porcelana com a boca mais larga que o fundo, pois isso facilitará a leitura. E que não é recomendado coar demais o café, pois uma boa quantidade de pó é necessária para formar as figuras com sua borra.

Para que o processo funcione, o café deve estar morno e o consulente deve tomá-lo lentamente, concentrando-se no que deseja saber. Quando acabar, a xícara deverá ser coberta por um pires e virada de cabeça para baixo em um movimento rápido. Depois, usando a intuição, devem-se observar as formas que vão aparecer. O importante é você analisar várias imagens para poder auxiliá-lo na prática da leitura.

Antes de encerrar a leitura ela pede para que a pessoa faça um último desejo, mentalmente, e pressione o próprio polegar no fundo da xícara, brevemente, retirando-o em seguida. Com isso, é feita também a leitura do polegar da consulente.

Símbolos usados nas anotações de Dona Fátima

ÂNCORA – Estabilidade; força; fidelidade; esperança; sucesso nos negócios.

ARCO E FLECHA – Se não estiver bem definido, significa que aparecerão oportunidades inesperadas; se estiver bem definido, os desejos do consultante poderão ser realizados.

ÁRVORE – Objetivos alcançados em breve; bem-aventurança; vida saudável. Momento de homenagear a sua família, estude sua genealogia, suas raízes podem significar não só as suas origens, mas também a estabilidade pessoal.

BAILARINA – Graciosidade e equilíbrio, como se tudo se encaixasse perfeitamente bem. Você vai receber ajuda de uma mulher; cuidado com a ingenuidade.

BENGALA – Simboliza uma ajuda inesperada; momento bom para meditação e autoanálise. Uma recolocação no mercado de trabalho está próxima.

BOCA – Insatisfações no campo sexual; melhore as palavras no seu relacionamento. Cuidado, não fique falando o que não deve, isso pode lhe comprometer.

BOI – Novo emprego com auxílio de pessoa obesa; intrigas poderão surgir. Sinal de alerta. Cuidado com as coisas que você anda fazendo e com as atitudes que anda tomando.

BUQUÊ – Alegria no casamento ou com amizades; amor, amizade ou trabalho duradouros. Você está bem carente, muita saudade e a falta de pessoas específicas o fazem sofrer.

CACHIMBO – Poderá viver um amor proibido; o lado masculino está mais aflorado neste momento.

CADEADO – segurança; proteção; cautela. Cuidado com as prisões criadas por você mesmo. Mudanças à vista.

CAIXA – Um velho amor deverá procurar o consultante novamente, mas você pode estar fechado demais para isso.

CASTELO – Felicidade no amor; casamento romântico; herança; realização de um projeto que estava arquivado por medo de arriscar.

CHALEIRA – Período tumultuado no romance; procure se controlar mais e não deixar as coisas esquentarem.

CÍRCULOS – Grandes: representam o fim de um relacionamento; pequenos: indicam casamento. Você está andando em círculos em uma situação particular. Cuidado com a monotonia.

COBRA – Possibilidade de traição; doenças, emo-cionais, sentimentos negativos; perdas; cuidado com inimizades e artimanhas femininas.

CONCHA – Sua família vai apoiar seus planos no setor profis-sional; mas vença a vergonha de se expressar.

CORAÇÃO – Paixão a caminho que poderá mudar a vida do consultante.

COROA – Subir de cargo no trabalho; rece-bimento de dinheiro extra.

CRUZ – Brigas e problemas futuros; esteja pronto para ajudar quem precisa.

ESCADA – Vida sexual em ascensão; no plano financeiro pode vir dificuldades pela frente; combata a inveja e pare de interromper seus projetos antes de terminar.

ESPIRAL – Pessoa querida poderá estar pen-sando em você; cuidado com as voltas que a vida dá; a saúde merece atenção.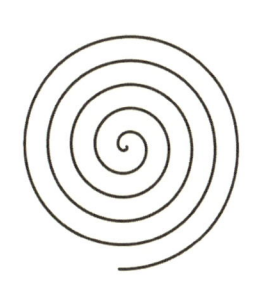

ESTRELA – Felicidade em todos os setores; sua intuição está aflorada, dê ouvido a ela.

FERRADURA – Sinal de ganhos inesperados; símbolo da proteção e da boa sorte.

FLECHA – Notícias novas chegarão; se houver pontos em volta, são sinais de más notícias financeiras; o conhecimento ajudará a seguir com seu destino.

FOLHA – Período de esfriamento amoroso; prosperidade; boa sorte na vida; pensamento comum.

GARRAFA – O consultante é muito dependente no setor afetivo; risco de perder documentos pessoais; vícios; dificuldade de manter segredos.

LINHAS CURVAS – Indicam dificuldades futuras.

LINHAS PARALELAS – Indicam que seus caminhos estão abertos para a prosperidade.

LINHAS RETAS – Sinal de determinação.

LUA – Romance em breve; feminilidade; maternidade. Cuidado com a falsidade, as ilusões e as aparências que enganam.

MACACO – Sinal de que a fase é favorável para aplicar dinheiro. Exerça o hábito da "catação", tanto afetiva como material, essa é uma forma de fortalecer os vínculos afetivos e manter a harmonia social.

OVOS – Por ser um mito da criação, os ovos representam abundância, renascimento, ressureição, mas tome cuidado, você está sendo traído.

PONTE – Viagens agradáveis; momentos de conquistas e superação. A ponte liga o Céu e a Terra; sob a forma de arco-íris; ela representa quase sempre o caminho que as almas dos mortos têm de percorrer após a morte.

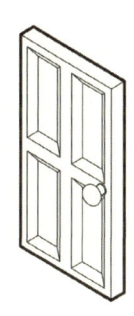

PONTOS – Representam dinheiro que pode vir de herança ou aumento de salário.

PORTA – Oportunidades futuras. Uma porta que se fecha significa recusa, negação ou rejeição, pode sinalizar também o término de uma etapa.

PRÉDIO – Problemas com dinheiro. Uma antiga rivalidade poderá ser superada. Seu nível de compreensão, de consciência ou de sucesso está em alta.

QUADRADO – Momentos de insatisfação e de solidão no futuro; quadrado representa proteção, desejo de propriedade, de moradia estabelecida, hora de buscar um espaço delimitado.

SOL – Sorte e felicidade. Reinvente-se, a cada manhã o sol se levanta e brilha; no cristianismo, esse espetáculo da natureza simboliza a ressurreição.

TRAÇOS – Indício de um novo projeto que se aproxima.

TREM – Pessoa querida pode chegar. A rotina pode ser enfadonha, os relacionamentos também precisam de manutenções eventualmente. Controle, organização e racionalidade estão muito presentes nesse símbolo.

TREVO – Prosperidade na vida em geral. Para os cristãos, o trevo representa a "Santíssima Trindade": o Pai, o filho e o Espírito Santo". O momento é de religiosidade.

TRIÂNGULO – Indica grande sorte no amor com um novo relacionamento. Manifestação e equilíbrio; Triângulo é força de vontade, é o intelecto, o sentimento; no mundo astral simboliza legalidade, poder, vida.

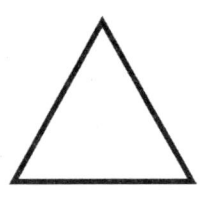

VELA – Representa iluminação, pureza, harmonia, mística e elevação espiritual. Lembre-se, a paz começa em você, não adianta pedir paz, se a pessoa vive em conflito com ela e com todo mundo. Um romance pode estar no fim.

Dona Luana

Em meio à Segunda Guerra Mundial, aos 17 anos, Luana sai da Romênia e vem para o Brasil, de navio, acompanhar sua irmã, Laiane, que se casa com um marinheiro brasileiro que conheceu durante o trajeto. Eles moraram na Tijuca, no Rio de Janeiro, onde tiveram quatro filhos. Por uma fatalidade do destino, Laiane contraiu tuberculose e veio a óbito. Luana se viu então cuidando dos quatro sobrinhos e acabou tendo de se casar com o cunhado, 15 anos mais velho que ela, e com ele teve cinco filhos. Bartolomeu faleceu em decorrência de um incêndio no navio em que trabalhava, deixando Luana viúva aos 27 anos, com nove filhos para criar.

Apesar de toda essa vicissitude, Dona Luana guarda na memória tudo que aprendeu com seus antepassados. Ela conta que aprendeu na Romênia como fazer a Leitura da Borra do Café, e que para obter respostas mais objetivas, deve-se seguir certas condições:

> Ferva a água, coloque o pó de café e o açúcar. Quando abrir fervura, desligue o fogo e adicione uma colher de sopa de água gelada, para baixar o pó. Coloque o café na xícara e tome, pensando no que deseja saber. Depois, coloque o pires sobre a xícara e vire, deixe descansar por alguns minutos, desvire e faça a leitura. Esse processo é para fazer a sua própria leitura. Quando for realizar a leitura para outra pessoa, tampe a xícara com o pires e passe para a pessoa com a asa virada para o lado direito dela, pedindo que vire para dentro na direção de seu coração. Quando recolher a xícara, deixe a asa para o seu lado direito.

Ela orienta, ainda, que é necessário analisar as figuras e a posição delas na xícara.

Os desenhos na borra no fundo indicarão o futuro, e os da asa para o lado esquerdo indicarão o passado.

- As imagens à direita, podem indicar que a pessoa vive muito na dependência de fatos futuros.

- Se as imagens estiverem próximas da asa ou da borda, elas podem indicar que o resultado da sua leitura aparecerá mais rápido.

- Se encontradas nas laterais, os acontecimentos serão mais para o futuro.

- Borras escorridas formando linhas (colunas) contínuas, até o fim da xícara, têm relação com mudanças de vida e eventos importantes, e também se referem a viagens.

- Observe se nessas linhas há algum desenho/símbolo, para identificar qual é o acontecimento.

- É importante que se use uma xícara branca por dentro, para facilitar a leitura. Xícaras transparentes não são reco-mendadas. Escolha colheres de madeira ou de prata, por atuarem como neutralizadoras de energia.

Mas fique atento, nem sempre é possível ou necessário seguir uma regra; geralmente a leitura se refere ao futuro próximo e a longo prazo. Use sua intuição.

Veja a seguir o glossário que Dona Luana usa para inter-pretar as leituras.

A

ABACAXI – Hospitalidade e bem receber; necessidade de buscar novas experiências; novas aventuras. Cuidado com sua acidez, não sejas azedo com as pessoas à sua volta.

ABELHA – Fertilidade; energia sexual ativa; simplicidade; imortalidade. A abelha representa ordem, lealdade, diligência, nobreza, cooperação. Com disciplina, você será capaz de garantir seu próprio alimento.

ÁGUIA – Tenha visão distante para saber sobreviver; observe seus desejos; concentre-se nos estudos; você está protegido espiritualmente.

ALIANÇA/ANEL – Sociedade com pessoas amáveis; emprego seguro; casamento; autoridade e proteção. Seu formato circular indica amor eterno. Fique atento, o anel pode representar uma relação de senhor-escravo.

AMPULHETA – Urgência, paciência, finitude. Seu tempo está passando rápido e você não está vendo isso. Procure não ser a pessoa que controla tudo.

ANCORA – Firmeza; força; tranquilidade; esperança e fidelidade. É tempo de fazer uma parada rápida para se organizar e reagir. Na vida afetiva, a ancora devolve a esperança em situações turbulentas.

ANJOS – Proteção; espiritualidade; poderes curativos. Um anjo é um mensageiro; simboliza uma mensagem positiva de cunho espiritual. Cuidado, veja com quem está lidando, amigos ou inimigos.

ARANHA – Sabedoria; beleza; sorte; infinidade. Saiba se programar e se proteja mais para o futuro; seja cauteloso, a aranha simboliza perigo iminente.

ARBUSTOS – Crescimento com muita dificuldade, tempo para mudar. Arbustos simbolizam a eternidade, a continuidade da vida. O momento é favorável para "regar" aquela amizade ou relacionamento que estava "murchando".

ARCO E FLECHA – Conquista; ruptura; destino; conhecimento; defesa. Tenha certeza de seus objetivos distantes; não erre mais; seu destino está relacionado a conquista de um grande amor.

ARRANHA-CÉU – Simboliza ascensão social, melhoras financeiras e promoções no trabalho. Cresça com objetivos e se realize logo; cuidado com as finanças. Realização tanto pessoal como profissional.

ÁRVORE – Representa a Grande Mãe; aquela que a tudo alimenta. É o símbolo da vida; a perpétua evolução; a ascensão vertical em direção ao céu. Crie resistência e cresça sem medos; melhoras na saúde; o momento é de prosperidade.

AVIÃO – Viagens rápidas e seguras lhe aguardam; mudanças urgentes. O descontentamento, o desânimo, a sensação de a vida estar passando muito rápido podem ser representados por esse símbolo. Cuidado com as frustações pelo não cumprimento de suas expectativas.

B

BAILARINA(O) – Inocência; fragilidade e vulnerabilidade. Aprenda a ter suavidade; jogo de cintura e leveza; receberá ajuda feminina. Tente manter seu equilíbrio emocional.

BALANÇA/PRATOS DUPLOS – Busque equilíbrio sólido; cuidado com traição; a justiça será feita. A estabilização financeira e emocional depende do seu bom senso.

BALEIA – Símbolo do renascimento e do poder exercido pelo mar. Representa o útero, a renovação, a regeneração e uma vida nova. Está ligada à abundância e à fartura. Procure ser senhor de seu destino e saiba explorá-los.

BANANA – Dificuldade sexual; pai ou mãe autoritários, acontecimentos inesperados. Deixe de se esconder, procure estar mais presente em situações que requer de crise. Não seja escorregadio.

BARCO – Tenha calma para enfrentar os balanços e os dissabores; favorável ao amor romântico; um período sozinho lhe fará bem, faça uma viagem.

BARRIL – Você tem um espírito independente; acredite nos seus ideais; momento favorável para fazer negócios, mas guarde informações estratégicas para reagir mais tarde; aproveite momentos com a família.

BEIJA-FLOR – Saiba se controlar para não falar o que não deve; abra-se para um novo amor, muita emoção está para chegar; favorável para bons momentos sociais.

BENGALA – Apoio e ajuda importante; valorize a si mesmo; não tardará a receber notícias positivas relativas ao setor profissional. Deixe o comodismo de lado. Cuidado com acidentes.

BIGORNA – Aprenda a ter muita resistência em sua vida; seus esforços serão recompensados. Você atingirá seus objetivos com determinação e perseverança, embora tenha que passar por lutas e dificuldades para alcançar seu sucesso.

BOCA – Comer; falar; respirar; a boca é o símbolo da força criadora, podendo tanto destruir como criar. Fale coisa amáveis; crise no campo sexual, sexualidade e fertilidade afloradas.

BODE – Timidez, introversão, criatividade e perfeccionismo. Não tome atitudes sem pensar, não bata de frente. Cuidado, não seja o "bode expiatório" deixe que os outros assumam a responsabilidade pelas suas ações.

Boi – Simboliza a bondade, a calma e a força pacificadora. Representa a capacidade de trabalho e sacrifício. O boi é um auxiliar precioso do trabalho humano, está associado à amizade, à doçura de atitude e ao desprendimento. Não disperse sua força bruta; brigas podem acontecer; um emprego está por vir.

Borboleta – Valorize a família e a sua origem; lembre-se de onde você veio; uma paixão se aproxima; ganhos rápidos podem se perder rapidamente.

Bota – O caminho será muito difícil e árduo, mas será vitorioso; atenção ao homem que vai chegar.

Bruxas – Cuidado com mulheres falsas e dissimuladas; conte com a magia para realizar seus desejos; faça uma purificação energética em sua casa.

Bule – Necessidade de extravasar seus sentimentos ardentes. Novas saídas para as dificuldades do momento se apresentarão. Não se envolva em discussões desnecessárias.

Buquê – Reconhecimento de seu trabalho; amor verdadeiro; casamento ou amizades longas. Uma surpresa está a caminho, se prepare para receber aquela notícia que tanto esperava.

C

Cachimbo – Sinta com muito prazer seu próximo; amor e sexo estão por vir, mas não da maneira que imaginou.

Cadeira – Pare por alguns instantes e volte ao seu foco de trabalho; não procrastine, isso vai prejudicá-lo.

Caixa – Para de esconder seus sentimentos dos outros; se abra mais; alguém que já mexeu com você vai voltar.

Caixão – Liberte-se de coisas materiais; previsão de viagem ou mudanças para longe; caixão remete à morte ou uma transição.

CALDEIRÃO – Símbolo do destino e da força espiritual. O período é de transformação. Vontade de seguir em frente para que nada falte, não se preocupe, todas as necessidades vão ser resolvidas adequadamente. O caldeirão simboliza uma alteração drástica e benéfica em sua vida, em sua personalidade, em seu comportamento e na sua situação econômica.

CAMA DE CASAL – Dificuldade de lidar com o sexo oposto. Medo do sexo. A cama de casal pode representar uma escolha, uma ideia ou uma tarefa que pode lhe trazer muitos benefícios.

CAMA DE SOLTEIRO – Está na hora de ser adulto; crescem seus desejos. Você gosta de se isolar e ficar sozinho. Cuidado, não vá se isolar completamente do mundo, as pessoas precisam de você tanto quanto você precisa delas.

CAMELO – Símbolo de riqueza e de propriedade, representa uma pessoa dócil e pacífica, porém, orgulhosa. Cuidado, você terá tempos difíceis a serem vividos, mas no final terá vitória.

CANECA – Alguém poderá descobrir um segredo que guarda há bastante tempo. Cuidado com quem anda, amizades e relacionamentos recentes nem sempre vem para o lado bom. Não se deixe influenciar. Beba mais líquidos.

CANGURU – Vida alegre e sólida; oferta de trabalho; crescimento profissional. Cuidado com traição. Você ou alguém próximo tem vontade de sair de casa, não deseja mais ser protegido pela mãe.

CÃO/CACHORRO – Você é fiel demais com as pessoas que não fazem o mesmo por você, deixe de ser bobo dos outros; dê valor as verdadeiras amizades.

CARACOL – Medo e inseguranças nas suas relações amorosas e afetivas. Falta de autoestima. Para que tanta proteção você é muito medroso e poderá perder as oportunidades que aparecem.

CARANGUEJO – Pare e se observe mais, você só anda de lado, mude, vá para frente, deixe de fugir de seus ideais; cuidado com pessoas inimigas que fingem estar ao seu "lado".

CARNEIRO – Simboliza muita prosperidade e paz de espírito. Para de fazer sacrifício para os outros, pense mais em si mesmo, você está deixando as pessoas interferirem na sua vida de forma muito ampla.

CARRO – Faça sua vida andar mais rápida, não fique parado; o sucesso emocional e financeiro será guiado somente por você.

CARROÇA – Indica um caminho difícil, você precisará ter muita paciência, mas, apesar das dificuldades, deve alcançar em breve os seus objetivos. Continue carregando os outros, mas deixe para trás o que está atrapalhando seu viver.

CARTAS/E-MAILS – Anúncio de novidades que nem sempre podem ser boas. Mudanças; movimento; viagens e novas chances. Comunique-se mais com as pessoas à sua volta.

CARTOLA – Fineza no momento não tem valor, seja mais prático; use a inteligência a seu favor. Vantagem sobre algo, seu "coelho" sairá da cartola no momento certo. O conhecimento é uma boa vantagem, aproveite.

CASA – Observe mais sua família, se dê mais a eles; novo lar; novos projetos, novos rumos na sua vida. Prepare-se para reencontrar alguém que há muito não vê. Estabilidade e segurança financeira.

CASTELO – Pare de se esconder e de se proteger das pessoas; não perca mais tempo; um casamento ou uma viagem romântica se aproxima; dinheiro inesperado.

CAVALO – Olhe seu comportamento, pare de agir como animal; fique atento à proximidade de um homem e à possibilidade de realizar pequenas viagens; tenha coragem.

CEGONHA – Bom augúrio; fertilidade; nascimento; imortalidade e longevidade. Novidade e notícia esperada, assim como também gravidez; um bebê concebido com amor.

CESTO – Oportunidades; você estará muito bem; chance de escolher o que quer e como vai realizar. Não seja acumulador, tenha só o que precisa no momento.

CETRO – Poder e fama. Você pode obter posição de destaque no trabalho ou na sociedade. Deixe de ser controlador, se abra mais às coisas novas; aja com responsabilidade.

CHALEIRA – Controle mais seu jeito de ser, você não costuma dar carinho e amor e é uma pessoa muito esquentada com tudo na vida; cuidado com coração, o enfarte está rondando o seu viver.

CHAPÉU – Coragem, confiança e energia positiva. Necessidade de proteger suas ideias, mas você esquenta muito a cabeça; observe mais o que faz para ser reconhecido.

CHAVE – Mudança, êxito, libertação. A chave mostra que você é alguém muito confiante e que em geral consegue bons resultados em suas ações. Saiba abrir a porta certa na hora certa; destranque a timidez e os medos.

CIPRESTE – Eternidade; longevidade; pessoa com grande talento para a fantasia e a imaginação. Tente ser mais realista. Cuidado com a atração pelo desconhecido. Sentimento de superioridade não levam a lugar algum.

CÍRCULOS – Você está se enrolando, pare, pense e trabalhe mais. Está perdendo tempo, hora de ter mais atitudes na vida, não se isole demais. Cuidado com ciladas de falsos amigos. Cuidado com a confusão sobre como proceder em uma área da vida, poderá gerar muita frustração.

CISNE – Graça; leveza; simboliza a masculinidade fecundadora, ao mesmo tempo que a feminilidade contemplativa. Você gosta de se mostrar, mas detesta críticas, aceite-as e respeite a opinião dos outros.

CLAVE DE SOL/NOTA MUSICAL – Símbolo da própria música, significa que a harmonia está rodando seus caminhos. Pare de ficar perdendo tempo, inicie logo seus projetos; um encontro amoroso vai acontecer.

COBRA – Inicie logo o que tem para fazer, senão outros vão fazer na sua frente; inimigos estão próximos; pequenos furtos. Mulher volúvel por perto.

COELHO – Impotência sexual; doenças genitais; gravidez em família, principalmente com adolescentes; seja menos acanhado.

COGUMELO – Pare de guardar mágoas, perdoe mais; não se iluda, não queira aquilo que não pode ter; nem sempre podemos falar tudo que pensamos.

COLHER – Progresso; bons negócios; aumento de vendas; crescimento do setor de trabalho. Do lado sentimental, felicidade e compreensão de seu parceiro. Você tem muita fome, de comida e de saber, mas não faz nada.

COLHER DE PEDREIRO – Continue fazendo tudo para os outros, sem pensar em você, e não será reconhecido tão cedo; cuidado com falsos amigos. A colher de pedreiro representa o instrumento com o qual poderá atingir seus objetivos.

CONCHA – Timidez, medo de falar com as pessoas e o isolamento só vão atrapalhar ainda mais a sua vida; saia da casca; aceite ajuda de sua família.

CORAÇÃO – Relação de muito amor ou paixão; muitas emoções. Cuidado com a saúde do órgão coração; verifique sua pressão.

CORAÇÃO ALADO – Demonstra a parte material e a alma, sendo o símbolo do amor de Deus. Dê um tempo a si mesmo em relação ao amor.

CORAÇÃO COM COBRA – Aventura amorosa e traição com prazer carnal sem amor, só fisiológico.

CORAÇÃO E ANEL – Cuidado com seu relacionamento, traição e separação.

CORAÇÃO PARTIDO – Cardiopatia, mágoa de alguém. O fim de um relacionamento pode fazer você sofrer.

COROA – Pensamentos negativos estão fazendo parte do seu dia a dia, tente dissipá-los; sucesso no trabalho, com dinheiro inesperado e no amor.

CORRENTE – Simboliza união física ou espiritual. Você sabe se livrar rápido do que o está prendendo. Necessidade de adaptação, de vínculo e de integração a um grupo. Você superou seus problemas psicológicos ou espirituais e está entrando em um novo ciclo em sua vida.

CORUJA – A insônia está prejudicando seu corpo físico e sua mente, procure um médico; problemas amorosos podem ter influência nisso. Conhecimento e sabedoria estão no seu caminho.

CRAVO – Um homem jovem vai lhe procurar; fique atento a novos contatos ou um novo amor.

CRIANÇA – Comportamentos infantil, é hora de crescer; pode representar a chegada de criança no lar.

CRUZ – Fim do sofrimento; a experiência fez você evoluir; ajudar ao próximo lhe trará contentamento.

CÚPULA – Problemas estão lhe deixando de cabeça quente; muito estresse; fique atento a pessoas de posses no seu caminho.

D

DADOS/CUBOS – Pare de ficar se jogando na vida, buscando que a vida lhe dê soluções, a solução está dentro de você. Trabalhe e faça sua parte.

DAMA ANTIGA – Uma mulher madura fará contato com você e pode lhe seduzir, causando sérios problemas sociais; sexualidade; mulher na menopausa.

DAMA ESPANHOLA – Uma mulher viva e alegre pode aparecer em seu caminho para lhe mostrar coisas novas; fique atento a fortunas e sucessos inesperados.

DENTE – Elabore mais, não só a comida, mas também o que deve falar ou devolver para as pessoas; problemas de digestão; cuidado com o que você está se alimentando.

DIABO – Você está praticando o mal e os outros estão revidando; cuidado com a vida de luxúria e o abuso sexual; seu comportamento atirado e desvairado pela noite pode lhe prejudicar.

DIAMANTE – Simboliza a verdade, a pureza, a perfeição, a dureza, a maturidade, a imortalidade, a limpeza, a energia e o sol. Ideias brilhantes não estão sendo aproveitadas por você.

DRAGÃO – Você necessita de proteção neste momento da vida; problemas com alcoolismo; fique atento a paixões repentinas; com disposição você atingirá seus objetivos.

E

EDIFÍCIO – Sucesso muito rápido, mas com muitos problemas; vá com calma nos seus projetos de vida; possível perda de dinheiro.

ELEFANTE – Nada tem limite para você, mas vive cobrando limite dos outros; o elefante representa sabedoria; boas relações familiares; sorte; saúde e boas amizades.

ELMO/CAPACETE MEDIEVAL – Cuidado com seus pensamentos, olhos e ouvidos; proteja-se de pancadas na cabeça; os galanteios alheios podem ser um problema.

ESCADA – Pense bem antes de fazer certas coisas, para não ter de deixar tudo de lado e começar tudo de novo; cuidado com a inveja, ela destrói sonhos; momentos de dificuldade poderão se apresentar; sexualidade em alta.

ESCARAVELHO – Símbolo egípcio sagrado. Representa o Sol, que renasce de si mesmo, tal como um deus que sempre volta; o ciclo solar do dia e da noite; é a ressurreição e a sabedoria divina. Não enrole os outros para não ser enrolado na vida.

ESCORPIÃO – Simboliza transições; morte; luxúria; dominação; traição e proteção. Cuidado com tormentas e dramas desnecessários. Sombras, trevas interiores e infernos profundos são representados pelo escorpião. Risco de ataque de inimigos.

ESPADA – Conquista muito fácil, mas cuidado para não perder tudo rápido demais; afaste-se de brigas com estranhos; cuide-se contra os ataques inimigos.

ESPIRAL – Saúde em perigo, não está se cuidando, falta de equilíbrio e tontura, ou até crises de labirinto.

ESTRADA/RUA/CAMINHO – Busque a saída certa para sua vida; não fique perdido por mais tempo; uma notícia vai lhe trazer uma grande surpresa.

ESTRELA DE 5, 6 OU 7 PONTAS – Sucesso e muita proteção da espiritualidade, união perfeita com Deus.

ESTRELA CADENTE – Alguma oportunidade surgirá; aproveite agora essa chance.

ESTRELA-DO-MAR – Faça tudo com muita profundidade; partilhe mais com as pessoas ao seu lado.

F

FACA – Aproveite sua chance, não dívida nada enquanto não resolver seu lado primeiro; o momento pede cautela.

FADAS – Faça seu pedido agora e será atendido com a ajuda dos bons espíritos.

FERRADURA – Não perca e não deixe cair nada no seu caminho, no futuro isso lhe fará muita falta e vai impedi-lo de prosseguir com seus projetos. A ferradura simboliza sorte, boas energias e proteção.

FIGURA INDEFINIDA – Sua mente está muito confusa e perdida; pare, dê-se uma chance, organize-se melhor na vida em geral.

FIO – Não deixe pistas do que está realizando, pode ser roubado; uma boa proposta está chegando.

FLECHA – A hora é agora não erre e não desperdice sua grande chance; símbolo da masculinidade; representa a defesa.

FLORES/FLOR – Alguém vai lhe dar o reconhecimento que há muito tempo você não recebe; a flor pode ser vista como símbolo da virgindade ou de sua perda (defloração).

FOICE – Momento certo para cortar e tirar de sua vida tudo que está lhe atrapalhando; não pense duas vezes para fazê-lo; cuidado com falsos amigos; foice representa morte e transição.

FOLHA – Respire e solte o que não mais tem valor em sua vida. Símbolo de felicidade e prosperidade na Ásia, a folha tem um importante papel na arte da adivinhação, já que a tasseografia é a leitura do passado e do futuro por meio das folhas de chá.

FRUTA – Tanto tempo esperando, deixe agora seu projeto encaminhado e receba no futuro em dobro; fartura e prosperidade a caminho.

FUNIL – Separe mais as coisas que deseja em sua vida e ao seu lado; garantia de felicidade, não deixe que ela escorra de suas mãos.

FUZIL – Perigo de ser atacado por pessoas que não gostam de você há muito tempo.

G

GALINHA – Evite se meter na vida dos outros; dê liberdade a quem necessita ser livre; fique longe de mexericos.

GALO – Cuidado, você vive arrumando brigas com os outros, dê mais carinho à sua mulher e deixe em paz a dos outros; se estabeleça no lugar que estiver.

GARFO DE DOIS DENTES – Pare de ficar escolhendo muita coisa para sua vida; escolha logo, não demore mais; cuidado o que e com que fala.

GARFO DE TRÊS DENTES – Se você não soube escolher agora, será escolhido; ataque de energias negativas.

GARRAFA – Segredos e problemas com bebidas, perda de documentos na rua; dependência afetiva; vícios.

GARRAS – Cuidado com ataques de mulheres atraentes que só estão pensando em seu dinheiro; livre-se do "laço do passarinheiro"; procure desapegar de pessoas nocivas.

GATO – Liberdade é o que você está precisando; saia da rotina, não se prenda a horários; faça sexo; sinta o prazer de ser livre; cuidado com traição.

GNOMO – Tenha mais contato com o elemento Terra, ande descalço, coloque os pés no chão; o momento pede mais razão, porém, caracteriza-se pela instabilidade no temperamento.

GOLFINHO – Reconheça a importância de quem você é nesse momento da sua jornada; fase boa para o amor; símbolo sagrado de paz e sabedoria; muita alegria está por vir.

GRADE – Deixe de viver preso a crenças e preconceitos limitantes; esteja aberto para a realidade da vida; atualize-se mais com o presente; não se prenda a relacionamentos tóxicos.

GUIRLANDA – Harmonia; perfeição espiritual; ciclo vital; cuidado com amigos falsos e com seus elogios: desconfie.

H

HOMEM – Um novo contato está preste a acontecer, se não souber falar como ele poderá se prejudicar muito; cuidado com a força bruta.

HOMEM CARECA – Alguém de mente muito aberta vai aparecer na sua vida e pode lhe causar muitos problemas.

HOMEM DE BARBA – Fique atento à uma pessoa que está se defendendo de você; não será fácil ter contato com ela; dificuldade por intimidação.

HOMEM DE BIGODE – Pessoa seletiva, orgulhosa, que não lhe deseja por perto e não gosta de você.

HORTA – Seus projetos serão examinados e escolhidos por quem entende; fartura; prosperidade; o alimento nunca vai faltar.

I

IGREJA – Pouca fé e falta de confiança em si mesmo, reveja por que você perdeu sua crença em Deus; cuidado com a soberba, nem sempre o que acha que é correto realmente é.

ÍNDIO(A) – Cuidado, você está muito iludido e com ideias fantasiosas sobre a realidade; precisa resgatar suas raízes.

INICIAIS – Você espera ter contato com a pessoa cujo nome está representado por essas iniciais.

J

JACA – A vida não é tão doce quanto imagina; fique atento aos obstáculos; dificuldades podem ser contornadas, basta aprender como chegar ao problema sem sujar as mãos.

JACARÉ – Traição por parte de parceiro e ou até sócio de longa data; o jacaré é senhor das águas primordiais; uma figura divina, noturna e lunar. É voraz; representa o ciclo simbólico dos renascimentos.

JANELA – Visão limitada da realidade; medo do futuro e do presente; indiscrição; mas também há receptividade e abertura para as influências vindas de fora. Janela pode representar a consciência, é por ela que entra a luz, atingindo as trevas da ignorância.

JARRO – Dificuldade em ter intimidade com outras pessoas; criatividade; renascimento e sensualidade representam esse símbolo; um trabalho manual pode render bons resultados.

JESUS – Sua ajuda só virá se tiver fé; você sabe onde foi que errou; uma pessoa pode abdicar de tudo por você.

Joaninha – Beleza não é tudo na vida. A joaninha simboliza a sorte, o amor, a felicidade e a fertilidade; preste atenção à maternidade; proteção e renovação à vista; harmonia e equilíbrio podem organizar a sua vida.

L

Labirinto – Você está perdido com tudo que está fazendo, nada está dando certo; pare, pense e retome tudo de novo; cuidado com pessoas imaturas.

Laço/corda – Existe solução para tudo; você está se enrolando porque quer; cuidado com ciladas e falsos amigos.

Lâmpada – A luz que tanto tem esperado está chegando, saiba aproveitar; uma grande ideia vai nascer, basta estar atento aos sinais.

Leão – Deixe seu instinto de predador agir sem medo; como "rei da selva", o leão simboliza poder, sabedoria, orgulho, vitalidade e ressurreição; sua segurança, proteção e justiça estão garantidos.

Leque – Não se esconda atrás de seus problemas; um leque pode representar proteção, é uma arma de defesa. Sensualidade à flor da pele; cuidado com problemas respiratórios.

Lírio – Tempo de calma e muita paz; tenha paciência, ao menos por pouco tempo. Lírio simboliza pureza, inocência, virgindade; cuidado com a tentação das paixões e com o erotismo.

Livros – Representa falta de conhecimento em sua vida; procure se dedicar mais ao estudo. Um livro aberto significa sabedoria, ciência, revelação; fechado pode estar escondendo algum segredo.

Lobo – Retome e conduza sua vida com seu instinto. De forma contraditória, um lado representa o bem, com sua astúcia, inteligência, sociabilidade e compaixão. Por outro lado, o lobo representa o mal, a crueldade, a luxúria e a ambição.

Lua – Não faça as coisas na escuridão; não vai dar certo novamente; simboliza as fases da vida, os ciclos, os ritmos biológicos. Passividade, receptividade, feminilidade e fecundidade representam esse símbolo.

M

Maçã – Deixe de ver o mundo como se tudo fosse fruto do pecado; a maçã simboliza a vida, a fecundidade, o amor, a sedução e o desejo. Dê mais atenção a sua espiritualidade.

Macaco – Pare de ficar pulando de serviço ou de um projeto para outro; você é inteligente, ágil e bem-humorado; aproveite suas travessuras e sua habilidade de resolver problemas para se firmar na vida.

Machado – Saiba dividir agora, sem perder muito tempo; força bruta; vontade de resolver tudo com as próprias mãos.

Mama – Proteção e mimo materno; carência de amor próprio; dê atenção à sua saúde, faça exames periódicos. Você pode estar querendo se engajar em alguma causa, tenha coragem e vá.

Mão – Pegue o que é de seu direito agora; a mão representa proteção, benção, pedido de amizade; um amigo pode estar precisando de ajuda.

Margarida – Você está muito carente; necessita de amor e de abraços; margarida é a flor da inocência, fique atento para não se deixar enganar.

Martelo – Acerte com firmeza suas ideias; o martelo representa tanto o bem – como força criadora –, como o mal – como força destruidora; cabe a você decidir de que lado deve ficar.

Máscaras – Cuidado com pessoas de duas caras; traição muito perto; disfarce; uma pessoa pode tanto revelar como esconder sua verdadeira identidade.

Medusa – Você perde muito tempo pensando e não coloca em prática seus sonhos; cuidado com as muitas ideias que passa pela sua cabeça; procure ter foco.

Mesa – O poder está em suas mãos; saiba aproveitar ao máximo o que conquistar e usufrua logo com a família; a fartura depende de você.

Mitra – Símbolo da defesa, a mitra pode estar querendo lhe mostrar os adversários de verdade. Você deseja muito ter poder e sucesso, mas acaba prejudicando o seu próximo.

Montanha – Tendência à superioridade; seja menos orgulhoso para não cair das alturas. Visão clara a respeito do futuro; aprenda a lidar com os altos e baixos da vida; o momento é de reflexão religiosa.

Morcego – Pare de sugar os pensamentos das pessoas; use sua inteligência e apareça, não fique se escondendo, saia mais de casa durante o dia. Morte, trevas, magia negra e bruxaria estão relacionados ao morcego, mas que também é símbolo de felicidade e de renascimento.

Mulher – Saiba lidar com seu instinto feminino das coisas; a mulher está relacionada com a água e é receptiva, aproveite o momento para avaliar as prioridades da sua vida.

Múmia – Deixe de se enrolar e enrolar o próximo; está perdendo seus amigos. Rituais fúnebres podem acontecer em breve; cuide da sua espiritualidade.

Muralha – Busca por proteção; a fuga da realidade será temporária, você sabe o que fez e deve pedir perdão.

Muro – Os obstáculos em sua vida são apenas você que está construindo, do outro lado tem coisas que não deseja conhecer.

N

Navio – Mudanças e viagens longas e demoradas; o conhecimento de diferentes culturas vai lhe ajudar a realizar um sonho; proteção e segurança estão garantidos.

Nó – Você está se enrolando porque quer; livre-se do que está lhe deixando angustiado, o "nó na garganta" poderá ser dissolvido se você "limpar", "desatar" memórias ruins.

Notas musicais – A linguagem musical remete à necessidade de se elaborar um sistema de aprendizagem; procure padronizar certos comportamentos e atitudes em sua vida. O momento é de harmonia, sensibilidade e alegria.

Número – Você necessita de mais ordem em sua vida. Os números podem se referir a dias, semanas ou meses; pode ter relação com um grande acontecimento; muitos números indicam dinheiro, de qualquer maneira é um símbolo de grande sorte.

Nuvens – A relação da nuvem com a água da chuva remete a diversas fontes de fertilidade; é momento de se transformar; cuidado com pensamentos pesados e negativos. Nuvens escuras e pesadas que antecedem as tempestades dão-nos sinal de acontecimentos negativos. Já as nuvens claras, cheias e luminosas são sinais de acontecimentos positivos.

O

Óculos – Falta de foco em seus objetivos; cegueira intencional, aquela que só vê o que quer ver. Cuidado com pessoas que querem se mostrar demais.

OLHOS – Procure focar e observar o que deseja; tenha visão ampla de futuro; o olho é símbolo da percepção intelectual, representa a clarividência; aproveite este momento para "sair do escuro".

ORELHA – Está na hora de você começar a escutar primeiro os outros; cuidado com fofocas e intrigas alheias. Um amigo pode estar precisando desabafar.

OVELHAS – Não seja passivo ao extremo; não ande em rebanho. Esse símbolo é recorrentemente usado para designar os seguidores de Deus no Cristianismo, são as almas salvas por Cristo; significa esperança e conforto.

OVO – Símbolo universal de nascimento, criação e transformação. Ative sua criatividade e multiplique seus pensamentos; aproveite o período de renovação da natureza para começar um novo projeto.

P

PALHAÇO – Alguém muito alegre estará lhe ajudando em breve; não guarde sua tristeza querendo ser forte e alegre todo o tempo; até as pessoas mais felizes podem chorar.

PALMEIRA – Deve ter muita resistência para lidar com seus superiores; símbolo de triunfo e vitória, mas também de martírio.

PÁSSARO VOANDO – Aprenda a se desprender de pensamentos que prendam sua razão. Sinta-se livre para viver e realizar seus sonhos. Inteligência, sabedoria, leveza, liberdade e amizade representam esse símbolo.

PATO – Chega de "pagar o pato" pelos outros, está na hora de deixar de ser bobo; não assuma responsabilidades que não são suas. O pato simboliza a imortalidade e representa, em muitas culturas, a criação.

PAVÃO – Pare de ser exibir para os outros, só está fazendo papel de idiota. Por ser um símbolo solar, pois sua cauda aberta lembra o formato do Sol, essa ave remete à beleza e ao orgulho pessoal; herança de coisas antigas de família podem aparecer.

PEITO FEMININO – Pessoa que deseja ser muito mimada, amada e protegida pela imagem materna.

PEITO MASCULINO – Necessidade de segurança e carinho de quem lhe dá segurança; pessoa muito carente e tímida.

PEIXE – Se dinheiro está sendo seu problema agora, em breve sairá dessa situação. Símbolo cristão, o peixe representa a vida, a multiplicação e a abundância.

PENA – Sua calma e sua paciência incomodam muita gente; a pena simboliza o conhecimento, traz sorte, proteção, fecundidade, clarividência, fantasia, justiça e poder; aproveite o momento para tirar suas ideias do papel.

PENTE – Deixe de rigidez e de preconceitos, solte-se mais, libere seus pensamentos e suas ideias; cuide mais da sua aparência. O pente representa força, individualidade, nobreza e proteção.

PERFIL – Encare as pessoas mais de frente e com naturalidade; uma possível análise de comportamento deve ser feita antes de assumir um compromisso.

PERU – Não se faça visível para não ser destruído pelos seus inimigos declarados neste momento; peru é o símbolo da fartura, da abundância e da fertilidade. Cuidado com o orgulho, com a virilidade exagerada e com a tendência aos sacrifícios.

PÉS – Hora de se afirmar mais perante a vida e as pessoas; por ser o ponto de apoio do corpo, transmitem estabilidade. É hora de ter "os pés no chão" e ser mais realista. Os pés são símbolos de humildade, avalie como você está conduzindo sua vida.

PIMENTA – Desejo de um relacionamento mais ardente, de amor, sexo e carinho com a pessoa que ama, mas tem medo de se expressar. Energia; sensualidade; sexualidade aflorada. A pimenta também representa proteção, prosperidade e sorte.

PINHEIRO – Representa a robustez, o vigor, a honestidade e a virilidade. Cuidado com a arrogância, não seja asqueroso, orgulhoso e prepotente; reconheça as pessoas ao seu redor.

PIRÂMIDE – Símbolo da ascensão, da elevação, bem como do poder da vida sobre a morte. O momento diz que você sente necessidade de ter mais proteção do que deve; confie mais em si mesmo.

PLANTAS – As plantas são seres vivos, que nascem, crescem, se reproduzem e morrem; elas simbolizam os ciclos da vida. Por produzirem seu próprio alimento, elas representam a independência que você está procurando. Já é tempo de criar suas próprias raízes, não deixe seus medos atrapalharem mais.

PONTE – Simboliza ligação, mediação. Para atingir o paraíso de forma mais rápida, seus méritos serão avaliados. Passe por cima dos obstáculos; são apenas pequenos percalços de sua vida.

PORCO – Medo de se sentir sujo, imundo, na frente das pessoas. Negativismo, cuidado com pessoas ignorantes. A gula, a luxúria e o egoísmo podem atrapalhar sua vida. No lado feminino, a porca representa abundância; fartura.

PORTA – Abertura ou fechamento de situações na sua vida; você saberá o momento certo para agir. Porta simboliza a passagem entre duas situações ou dois mundos: o conhecido e o desconhecido. Tem caráter revelatório; pode anunciar morte ou nova oportunidade.

PREGO – Você vai ter necessidade de se defender, de se proteger de alguém ou de algumas pessoas; situações de conflito verbais ou de algum tipo de abuso emocional; busque se prender ao que realmente importa, tudo acontece na hora certa, não se apresse.

Púbis – Dificuldade de se relacionar com mulher; medo de sexo; cuidado com relacionamentos infantis que possam prejudicar sua vida.

Punhal – Você está se sentindo desprotegido e ameaçado, desconfia de tudo e de todos; procure força nesse símbolo que representa sobrevivência; superação; vitória. O punhal tem a capacidade de transmutar energias, por isso ele é muito utilizado em rituais de magia.

Q

Quadrado – Medo de estar confinado em quatro paredes; a racionalidade fala mais alto neste momento; quadrado é o símbolo da terra, da solidificação, de tudo que está estabelecido. Cuidado, por ser um símbolo da neutralidade, você corre o risco de não se posicionar devidamente quando necessário.

Queijo – Dificuldade em deixar os preconceitos e os costumes familiares; cuidado com pessoas que se insinuam o tempo todo; oportunidades recompensadoras surgirão na sua vida.

R

Rã – Sorte; pureza; renascimento; renovação; fertilidade; liderança; transições; oportunidade; ponto intermediário; processo de metamorfose. Desejo de ter um corpo pequeno; momento ideal para a transição.

Raio – Vontades de explodir com tudo e com todos. O raio simboliza a bipolaridade; de um lado o poder criador, do outro o poder destruidor. Uma ideia ou um processo criativo pode surgir do nada.

RAPOSA – Solte seus instintos reprimidos pela sua família. Você tem natureza solitária e instintiva; cuidado com traição e deslealdade, sua perspicácia pode ajudar a se livrar de problemas.

RATO – Muito cuidado com quem você está andando; pequenos roubos e prejuízos podem acontecer em breve. Inteligência, habilidade, fertilidade e abundância, mas o momento pede cautela, uma pessoa avarenta e gananciosa se aproxima de você.

RELÓGIO ANALÓGICO OU DIGITAL – Não tente controlar seu tempo, já teve muitas perdas por causa disso. Observe com mais atenção os ciclos da sua vida. Cuidado com atrasos inesperados.

REVÓLVER/PISTOLA – Sua reação deve ser rápida e sem demora, para não sair como perdedor da situação; símbolo fálico que representa agressividade, poder e virilidade.

RODA – Permita que as coisas andem ao seu redor. Movimentos de recomeços e renovações estão por vir. A roda representa o deslocar, a libertação das condições ou de lugares.

ROSA – Libere e expresse seu sentimento latente por quem você ama. A rosa simboliza a perfeição, o amor, a paixão, o romantismo, a pureza, a beleza, a sensualidade e o renascimento.

ROSTO DE HOMEM – Um homem surgirá com boas notícias; possível envolvimento amoroso com ele. Representa masculinidade, confiança, ego, energia, força e paixão.

ROSTO DE MULHER – Uma mulher surgirá com boas notícias; possível envolvimento amoroso com ela. Simboliza receptividade, sedução e proteção.

S

SAPATO FEMININO – Desejos homossexuais por mulheres; sedução; luxo, poder.

SAPATO MASCULINO – Desejos homossexuais por homens; um novo caminho pode surgir em sua vida.

SAPO – Medo de magia negra por fatos já vividos; simboliza a matéria prima que sofre transformação e a cobiça desenfreada; cuidado para não se afogar em seu próprio excesso.

SEIOS DE PERFIL – Fantasias e desejos eróticos em ver o perfil feminino; trauma infantil; desmame precoce. Um novo amor pode acontecer.

SEREIA – Desejo de viver os dois lados da sexualidade; fantasias eróticas; bissexualidade; sedução mortal; simbolizam a autodestruição proveniente da paixão e da ilusão.

SETA – Simboliza a eternidade ou um objetivo final alcançado. Não erre mais, desta vez tem que dar certo; ideia de continuidade, companheirismo e amizade eterna.

SEXO FEMININO/GENITÁLIA – Desejos; fantasia; erotismo; dificuldade de se relacionar com mulheres. É o sagrada feminino, a força da criação, a energia dominadora que a tudo permeia.

SÍMBOLO DO INFINITO – Medo de crescer, traumas de infância; algo que não tem começo nem fim. Cuidado com projetos que não possui um ponto de partida ou um fim, você pode se desgastar e não obter nenhum resultado.

SINO – Sensação de que ninguém está olhando para você; desejo de ser notado e escutado por todos; poder de purificação. Você é capaz de afastar as más influências.

SOL – Tem pessoas que desejam ser o centro das atenções, mas não conseguem; outras já brilham naturalmente, aproxime-se destas. O sol representa o conhecimento, a luz, a vitalidade. Distribua calor humano por onde passar.

T

TAÇA – Desejo de fazer sexo com mulheres jovens. Abundância; imortalidade; eucaristia. O cálice é o detentor do elixir da longa vida. Um projeto seu poderá ficar marcado positivamente na posteridade.

TARTARUGA – Simboliza o masculino e o feminino, o humano e o cósmico, força e obstinação ao mesmo tempo. A tartaruga representa o suporte do mundo, é a garantia de estabilidade. Deixe de carregar a família nas costas, tudo tem limite.

TENDA – Desejos de liberdade; livre-arbítrio. Comunhão com Deus, momento de ter maior proximidade religiosa. Tenda fala de um tempo a sós com o próprio Deus, para aprendizado, descanso e fortalecimento espiritual.

TERÇO – Símbolo de fé e devoção. Se estiver perdido em sua fé, ative sua religiosidade.

TESOURA – Hora de cortar o que está incomodando há muito tempo. Rupturas, cortes e separações na maioria das vezes são inevitáveis. Supere, esse tipo de situação, de uma forma ou de outra isso sempre acontece ao longo da vida, mas nem sempre são experiências negativas ou perdas.

TORQUÊS/FERRAMENTA – Quanto mais ferramenta você tem, menos você usa, tendo o risco de se perder cada vez mais. Aprenda a usar uma coisa de cada vez; não junte o que não vai usar.

TOURO – Você só põe medo nas pessoas, mas não faz nada. Cuidado em violar as leis. Símbolo de virilidade e força, o touro lembra ao consulente que ele deve se manter sempre em segurança.

TREM – Deixe de fazer sempre o mesmo caminho; mude sua rota; saia do trilho e sinta sua liberdade. Mas atenção: a perda de controle e de organização pode atrapalhar sua vida neste momento.

TREVO – Hora de decidir de verdade o que fazer da vida. A sorte ronda a sua casa. Abundância, prosperidade, fecundidade, sucesso, esperança e fé representam esse símbolo.

TRIÂNGULO – Possibilidade de se envolver em relacionamento a três. Triângulo representa o início, o meio e o fim; o corpo, a alma e o espírito; a neutralidade, a legalidade e o equilíbrio. O momento é de reflexão.

TRIDENTE – Símbolo universal associado à trindade divina; o poder, a força, o universo; aquele que cria, o que preserva e o que dissolve e transforma. Voê tem medo de reconhecer seu lado sombrio.

TRIGO – Momento de sucesso e de gozar a vida com classe. Trigo é o símbolo da transformação e da fartura, representa o homem justo; aproveite o momento para avaliar seu comportamento perante aos seus.

TROMBA DE ELEFANTE – Por ter um caráter sexual, com seu aspecto fálico, a trompa do elefante pode exprimir um conflito erótico. Cuidado com onde mete o nariz; problemas estão chegando.

TROMPETE – De natureza dupla, o trompete é o instrumento de nobres e guerreiros; simboliza a glória, a fama, a conquista. É o símbolo que anuncia o juízo final. Pare de tentar chamar a atenção das pessoas; você acaba não fazendo nada, só incomoda demais.

U

UMBIGO – O umbigo é o centro do ser humano, símbolo da criação e da coragem; é o elo biológico que liga a mãe ao filho, portanto, cortar laços familiares na hora certa será necessário; tenha consciência da relação de dependência que existe entre uma vida e outra, mas mantenha-se firme no seu objetivo de caminhar sozinho.

UNHAS – Equivalentes às garras dos animais, as unhas guardam até hoje relação com a personalidade. É símbolo de status e de riqueza, mas fique atento, "agarre" somente o que pode ter, não adianta querer muitas coisas de uma só vez.

UNICÓRNIO – Criatura mítica que simboliza gentileza, pureza, castidade, nobreza, poder, luxo, além de estar ligado ao bem. Uma pessoa inocente e altruísta pode aparecer na sua vida. As virtudes morais vão lhe garantir sucesso, realizações e muita liberdade.

URSO – Força; destreza; visão positiva da vida, o urso tem conexão com a sabedoria. Por ser a representação da força bruta e gentil ao mesmo tempo, você deve aprender a equilibrar esses dois lados; cuidado com a perseguição de pessoas que não querem seu bem.

URUBU – Simboliza o amor pela terra; os mistérios; a longevidade e os dons proféticos. Valorize sua capacidade de enxergar longe; pare de se diminuir na frente dos outros; faça uma "faxina interna". Livre-se do que não lhe faz bem.

V

VACA – Considerada um animal sagrado na religião hinduísta, a vaca é a força geradora da natureza; símbolo da maternidade, da fertilidade, do respeito, da renovação e da esperança na sobrevivência. Valorize-se mais, você tem muito valor, não deixe que ninguém o desrespeite.

VAGINA – Representa o resgate do sagrado feminino, é um canal energético potente, simboliza a vitalidade física e emocional, o caminho para a vida desde de sua inseminação até a chegada no mundo. Dê valor a tudo que nasce a partir da concepção do desejo; cuidado para não querer esconder sua sexualidade. Desejo de relação sexual real.

Vaso – Simboliza conquistas, posses; receptividade das coisas celestes; tesouros guardados. O vaso é como um reservatório de vida, é o segredo das metamorfoses. Pode representar forte desejo de fazer sexo com mulheres mais velhas.

Vassoura – Símbolo da limpeza universal, a vassoura representa não só o cuidado com a casa, mas, principalmente, com si mesmo. Deixe a limpeza um pouco de lado, preocupe-se mais com você; varra as coisas ruins da sua vida.

Vela – Símbolo de luz e de paz, a vela representa a clareza da mente, a pureza do espírito e o caminho a seguir. Acenda uma vela, você está precisando de ajuda espiritual. Um desejo que a muito deseja está prestes a acontecer.

Velhinha – Bondade, sabedoria, aprendizado, segredos muito bem guardados e longevidade representam esse símbolo. Preste mais atenção no seu passado, pois logo será seu futuro.

Violão – Representa a paixão, a emoção, ou um desejo erótico e sensual. Não deixe de ir atrás de seus sonhos e realizações, pois pode ser que em breve você esteja ao lado de quem ama. Tendência a ter habilidades artísticas, ou um desejo inconsciente de se dedicar a alguma atividade do ramo artístico. O violão representa uma voz que chora. Você pode desejar conquistar alguém que se faz de difícil.

X

Xícara – É o campo de revelações da consciência e do inconsciente. Cheia, indica possíveis ganhos financeiros; vazia, prejuízos. A xícara indica casamento, gravidez, boas notícias no âmbito familiar, mas pode indicar conflitos também, caso a imagem esteja "quebrada".

CONCLUSÃO

Atualmente, é uma preocupação tanto da psicologia como dos profissionais de terapias holísticas estudar os desenhos e as figuras, bem como as técnicas projetivas e gráficas, utilizadas como meios de acesso às vivências internas, aos conflitos e aos desejos, associados às dificuldades de transmissão de "saber" avaliar e interpretar. Isso não foge muito quando falamos de técnicas adivinhatórias. Não se trata apenas de "ensinar a ver" os aspectos e a avaliá-los, mas, principalmente, de orientar como interpretá-los, isto é, de que maneira dar a eles o significado mais apropriado. Essa escolha do significado apropriado é um dos postos-chaves do trabalho com as técnicas projetivas, em especial com as que utilizam o grafismo.

A elaboração da síntese constitui outro ponto marcante dos significados mais pertinentes e com a maneira de apresentá-los. Podemos perceber que as técnicas e os métodos de Leitura de Borra de Chá e de Café seguem fundamentos, tabelas e códigos escritos por vários povos, que desenvolveram padrões para executar e classificar formas e desenhos, figuras e imagens que se repetem em vários borrões dessas bebidas em questão, especialmente a do café.

Não podemos afirmar, portanto, que a leitura de borras seja realizada por pura mancia somente, pois existem técnicas, métodos e estudos para a sua realização.

As técnicas projetivas oferecem acesso ao mundo dos sentidos, remetendo ao buscador significados, padrões e sentimentos que revelam aquilo que não se pode ou não se quer dizer. Isso geralmente acontece pela falta de conhecimento, que encobrem aspectos latentes da personalidade, por serem inconscientes.

> Os métodos projetivos são utilizados desde o início do século 20. Porém, muitas vezes foram olhados com suspeita por psicólogos que procuram maior segurança nos procedimentos dos testes objetivos. O preconceito contra os testes projetivos foi responsável pelo declínio de seu uso, durante a década de 1960, época em que os testes objetivos ganharam muito prestígio. (ANASTASI, 1965)

O fato é que não se pode isolar uma coisa da outra. O fluxo contínuo de informações auferidas mediante a leitura da borra não está, em hipótese alguma, exclusivamente voltada à mera especulação. Trata-se de uma avaliação suscetível às condições recorrentes, na qual o consulente entra em contato com o material em questão, tanto física quanto energeticamente, ao passo que a projeção se dá usando como veículo uma técnica milenar de avaliação. Isso não difere em nada dos testes psicológicos aplicados em clínicas especializadas; remete, no entanto, ao respeito a essas pessoas que tão bravamente levam a cultura da Leitura da Borra de Café ao longo dos tempos!

Nos cursos que oferecemos, eu e Dino, pessoa que contribuiu para a realização deste trabalho, procuramos "ensinar" aquilo que já está dentro de cada ser! Dino, aos seus 85 anos, lamenta ao ver quanta dificuldade existe em repassar a cultura e os costumes de povos antigos, o que não acontecia em épocas remotas, devido ao profundo respeito que os filhos e netos tinham pela cultura familiar.

Os relatos que apresentei neste livro são de mulheres sofridas, que buscaram no Brasil um alento após a Segunda Guerra Mundial. São mulheres com histórias de vida tristes, não tão somente pelo que viveram, mas pela dor em deixar de lado aquilo para qual foram instruídas de maneira tão natural a fazer. Suas filhas e netas, digo no feminino porque naquela época a cultura era passada de mãe para filha, hoje não querem e sentem até vergonha em dar continuidade a esse trabalho, que acalenta tanto o coração de quem o faz como de quem o recebe. Relatei aqui história que tive acesso, pois essas mulheres se estabeleceram na cidade de São Paulo, mas quantas mais existem neste Brasil afora e até mesmo no mundo afora? Sim, ainda existem muitas, mas elas estão partindo, e levando consigo segredos que se perderão nas brumas do tempo.

É preciso resgatar raízes, buscar nas entranhas de um conhecimento adormecido tudo que está encarcerado na senda da cultura. Programas de computador são divertidos, mas estão longes de objetivar o caráter da leitura, que envolve todos os sentidos.

Estude, faça cursos, aprenda a ver as respostas exatamente onde elas estão. No mundo atual, homens e mulheres estão aptos a aprender tudo o que a sua sensibilidade permitir. Não podemos deixar essa arte morrer.

Javert de Menezes

BIBLIOGRAFIA

ABC DO DESTINO. *Mandalas:* os círculos mágicos da vida. São Paulo: Globo, 1991.

ABIC – Associação Brasília da Indústria de Café. Site oficial. Disponível em: <http://abic.com.br/>. Acesso em: 17 set. 2019.

ANASTASI, Anne. *Testes psicológicos.* Barcelona: Herder, 1965.

BIEDERMANN, Hans. *Dicionário ilustrado de símbolos.* Tradução: Gloria Paschoal de Camargo. São Paulo: Melhoramentos, 1993.

CALDERÓN, Don Adamo. *Tradições del viejo gitano.* 3. ed. São Paulo: Outras Palavras, 1994.

CÍRCULO DO LIVRO. *Como ler a sorte na borra de café e chá.* São Paulo: Nova Cultural, 1985.

_____. *O livro das adivinhações.* São Paulo: Nova Cultural, 1995.

HAY, Henry. *The Amateur Magician's Handbook.* Nova York: Signet, 1950

PELLEGRINI, Luís. A padroeira cristã dos ciganos. Revista *Planet*, São Paulo, n. 278, nov. 1995.

PIRES FILHO, Nelson. *Rituais e mistérios do povo cigano*. São Paulo: Madras, 2001.

RAVENHEART, Oberon Zell. *Grimório para o aprendiz de feiticeiro*. São Paulo: Madras, 2014.

REVISTA CAFEICULTURA. *História da origem do chá. Revista Cafeicultura,* 21 jul. 2019. Disponível em: < https://revistacafeicultura.com.br/?mat=24102>. Acesso em: 17 set. 2019.

SCOT, Reginald. *The discoverie of witchcraft*. S.l.: 1584.

VITUZZO, Eliane. *"Estudiosa e Praticante da Arte da Cafeomancia"* ____. Kumpania Romai do Brasil.1993. www.cafeomacia.com.br/ www.abic.com.br/café_curiosidade.

JAVERT DE MENEZES

Javert de Menezes

A ARTE DO BENZIMENTO

A ARTE DO
BENZIMENTO
ORAÇÕES ✷ REZAS ✷ BENZEDURAS

MAIS DE 100 MIL EXEMPLARES VENDIDOS
7ª EDIÇÃO

ALFABETO